. . . en alabanza de *Usted sí puede ser feliz, pase lo que pase*

"Verá el lector que la nueva perspectiva del Dr. Carlson es muy provechosa — sólida, sensata, y colmada de consejos basados en amor".

— Dr. Wayne Dyer
autor de *Your Erroneous Zones*

"*Usted sí puede ser feliz, pase lo que pase* es un libro que les gustará a los que estén atrapados en una red de pensamientos anticuados. Nos habla simplemente de una manera muy apropiada que nos conviene si queremos escaparnos del mundo disfuncional y volver a encontrar la vida cabalmente realizada".

— Marsha Sinetar
autora de *Developing a 21st Century Mind*

"…una obra profundamente sencilla y humana, llena de esperanza, que trata de una comodidad disponible para todos — la felicidad".

Bailey
inciple

USTED SÍ PUEDE

SER FELIZ

PASE LO QUE PASE

USTED SÍ PUEDE

SER FELIZ

PASE LO QUE PASE

*Cinco principios para mantener
en perspectiva su vida*

Richard Carlson, Ph.D.

Traducción Marcela de Narváez

NEW WORLD LIBRARY
NOVATO, CALIFORNIA

New World Library
14 Pamaron Way
Novato, CA 94949

Traducción: Marcela de Narváez y Richard P. Castillo
Diseño de funda: Alexandra Honig
Redactor: Profesor Richard P. Castillo

Library of Congress Cataloging-in-Publication Data
   Carlson, Richard, 1961 May 16–
      [You can be happy no matter what. Spanish]
      Usted si puede ser feliz pase lo que pase : 5 principios para
    mantener en perspectiva su vida / Richard Carlson : traducción,
    Marcela de Narváez : prólogo de Wayne Dyer.
      p.   cm.
      ISBN 1-57731-049-7 (alk. paper)
      1. Happiness. 2. Contentment. I. Title
    [BF575.H27C37518   1998]
    158.1–dc21   98-35596
                              CIP

ISBN 1-57731-049-7
Impreso en el Canadá
Distribuido por Publishers Group West
  10 9 8 7 6 5

A mis preciosos hijos
— que sean felices
siempre, pase lo que pase.

CONTENIDO

❧

PRÓLOGO

❧

de Dr. Wayne Dyer

Mucha gente cree que una persona es producto de las circunstancias. Pero no es así. Por el contrario las circunstancias revelan a la persona. Nuestras circunstancias no nos definen; representan nuestra carrera individual — pruebas, retos, y oportunidades que facilitan nuestro crecimiento personal, nuestra aprobación y nuestro alejamiento. Nuestro éxito como seres humanos no reside en nuestra colección de posesiones o logros. Tampoco reside en los detalles de nuestro apuro del momento, sino en cómo manejamos lo que tenemos y cómo afrontamos los retos, cómo transformamos nuestra carrera individual en crecimiento y en una vida llena de amor.

Es posible que manifestemos nuestro destino, que creemos en nuestra vida la "verdadera magia", que hagamos de nuestra vida una expresión de la divinidad, que saquemos de nuestra consciencia el yo, y que le demos al amor la más alta prioridad. Sin embargo para lograr todo esto es indispensable que dentro de nosotros establezcamos un equilibrio, un sentido de armonía y ecuanimidad. La felicidad no queda al final del camino; se halla en el mero comienzo. La dicha da realce a nuestra vida espiritual.

Los principios tratados en este libro sirven de guías para navegar por la vida hacia la felicidad. Son como un manual de instrucciones que nos guía en nuestra búsqueda de la sede interior de la paz. Nos pueden ayudar a mantenernos centrados y tranquilos. A medida que nos pongamos más contentos, pasamos a otra dimensión de la vida donde se siembra la semilla de aun más crecimiento espiritual. Alejados de las luchas constantes y las distracciones ocasionadas por estrés, ira, condiciones y deseos, nuestra vida se desenvuelve con mayor armonía.

En esta acertadísima obra explica el Dr. Carlson que el enemigo no es nuestra vida en sí, pero que los pensamientos sí lo pueden ser. Nos recuerda que nuestras mentes son instrumentos enormemente potentes que podemos usar tanto a nuestro favor como en contra. La opción la tenemos nosotros. O podemos aprender a fluir con la vida, con amor, paciencia, y aprobación, o bien podemos luchar constantemente contra la corriente. Muchas veces he dicho que somos entes espirituales pasando por una experiencia humana. Está en nuestro poder hacer que esta experiencia sea todo lo que puede ser. Tenemos, dentro de nosotros, los recursos para vivir una vida feliz totalmente realizada, a pesar de los retos que tengamos que afrontar. Lea este libro y medita sobre su mensaje. Pese a las experiencias externas, descubrirá que es verdad: ¡Usted sí puede ser feliz, pase lo que pase! Que le bendiga Dios.

USTED SÍ PUEDE

SER FELIZ

PASE LO QUE PASE

Introducción

❧

La felicidad! Ella es algo que todos deseamos, pero que pocos logran alcanzar. La felicidad se caracteriza por la presencia de sentimientos de gratitud, paz interior, satisfacción y afecto hacia nosotros mismos y hacia los demás. Nuestro estado mental más natural es aquél en el que predominan la satisfacción y la alegría. Los obstáculos que nos impiden experimentar esos sentimientos positivos son procesos negativos que hemos aprendido y llegado a aceptar, inocentemente, como "necesarios" o movidos por la idea de que "la vida es así". Cuando dejamos al descubierto esos sentimientos positivos naturales y retiramos las barreras que nos separan de ellos, comenzamos a tener una experiencia más significativa y bella de la vida.

Estos "sentimientos positivos" no son emociones pasajeras que "van y vienen" con las circunstancias cambiantes, sino que impregnan nuestra vida y se convierten en parte de nosotros mismos. Lograr ese estado mental nos permite ser más alegres y despreocupados, independientemente del hecho de que nuestras circunstancias justifiquen o no tal actitud positiva. Cuando nos sentimos así, la vida nos parece menos complicada y nuestros problemas se aligeran. La razón es que, cuando nos sentimos mejor, estamos más cerca de nuestra propia sabiduría y de nuestro sentido común. Tendemos a ser menos susceptibles, defensivos y críticos; tomamos mejores decisiones y nos comunicamos con mayor eficacia.

La mejor manera de dejar al descubierto esos sentimientos positivos que albergamos en la profundidad de nuestro ser es empezar a comprender su origen. Hay cinco principios propios del funcionamiento psicológico que actúan como guías o pilotos, y que nos ayudan a recuperar nuestro estado natural de serenidad. A ese estado natural lo llamo "funcionamiento psicológico sano" o, simplemente, "sentimiento agradable". Aprenderemos a detectar, y a protegernos de, los obstáculos psicológicos que nos impiden experimentar esos sentimientos positivos: los pensamientos de inseguridad que hemos aprendido a tomar con demasiada seriedad.

Este libro se basa en una serie de principios psicológicos que fueron formulados originalmente por los doctores Rick Suárez y Roger C. Mills*. Tales principios nos mostrarán cómo tener acceso a ese sentimiento de felicidad en el momento en que lo deseemos. Cuando los hayamos comprendido, estos principios nos

---

* Rick Suárez, Roger C. Mills y Darlene Stewart, *Sanity, Insanity, and Common Sense: The Groundbreaking New Approach to Happiness* (Nueva York, Ballantine, Fawcett, Columbine, 1987).

permitirán sentirnos realmente contentos y satisfechos, cualesquiera que sean nuestros problemas. Como consejero que enseña estos principios en la práctica profesional, continuamente veo personas que logran encauzar su vida en una dirección más positiva, pese a los difíciles retos que afrontan. Cuando nos sintamos genuinamente satisfechos con nuestra vida, seremos capaces de resolver cualquier problema con mayor facilidad y eficacia de lo que jamás creímos posible. Los cinco principios que presentaré más adelante representan un profundo e importante avance en la comprensión del funcionamiento psicológico humano. Se trata de principios particularmente sencillos y, no obstante, poderosos, que explican cómo funciona la mente; y todos los seres humanos pueden ponerlos en práctica sea cual sea el lugar donde vivan, pues ellos atraviesan todas las barreras culturales. Los principios se describen en detalle a partir del primer capítulo, pero a continuación presentaremos un breve resumen de ellos.

Pensamiento. Nuestra capacidad de pensar crea nuestra experiencia psicológica de la vida, y pensar es una función voluntaria.

Estados de ánimo. Nuestra propia comprensión del hecho de que pensar es una función voluntaria fluctúa de un momento a otro y de un día al siguiente; estas variaciones se denominan cambios en los estados de ánimo.

Realidades psicológicas separadas. Debido a que todos pensamos de una forma distinta, cada ser humano vive una realidad psicológica separada o individual.

Sentimientos. Nuestros sentimientos y emociones constituyen un mecanismo interno de biorretroalimentación, que nos permite saber cómo estamos marchando desde el punto de vista psicológico.

El momento presente. Al aprender a enfocarnos en el momento presente, conscientes de nuestros sentimientos, logramos vivir con eficacia máxima sin permitir que los pensamientos negativos nos perturben. El momento presente es el lugar donde descubrimos la felicidad y la paz interior.

Entender cómo funciona la mente nos permite entrar en contacto con la felicidad — un sentimiento espléndido — y esto, a su vez, nos capacita para gozar con libertad de nuestra vida y de nuestras relaciones. La mayoría de los planteamientos sobre la felicidad promueven la idea de hacer o cambiar algo en nuestra vida. Sin embargo, la experiencia nos muestra que, en el mejor de los casos, esto sólo proporciona una cura temporal. El esquema mental que nos dice que para ser felices debemos hacer algo diferente no desaparece cuando el cambio se ha realizado. Por el contrario, siempre empieza de nuevo a buscar defectos y condiciones que se deben corregir y satisfacer antes que podamos sentirnos felices. Cuando comprendamos los cinco principios del funcionamiento psicológico sano, podremos modificar esta dinámica y sentirnos felices inmediatamente, ¡aunque nuestra vida y nosotros mismos no seamos perfectos! Cuando ya no nos perturbe el falso negativismo y nos sintamos satisfechos, el contacto con nuestra verdadera sabiduría y nuestro sentido común nos permitirá contemplar soluciones y opciones que hasta entonces habían estado enterradas bajo pesadas preocupaciones e intensos diálogos internos.

Sentirnos satisfechos es la base de una vida plena. El sentimiento de satisfacción trae consigo buenas relaciones, satisfacción en el trabajo, habilidades en la crianza de los hijos (para aquéllos que son padres) y la sabiduría y el sentido común que se requieren para avanzar con donaire por el camino de la vida. Sin este sentimiento, la vida puede parecer un campo de batalla en el cual, por estar demasiado ocupados luchando con los problemas, no logramos apreciar la belleza que ella encierra. Sumidos en nuestras preocupaciones y esperando que "algún día" las cosas mejoren, posponemos el sentimiento de satisfacción mientras la vida se nos escapa. Armados de un sentimiento de alegría, en cambio, podemos disfrutar de la vida plenamente . . . ahora mismo. Sin duda, todos los problemas son importantes y "reales", pero cuando aprendamos a sentirnos satisfechos, los problemas no nos impedirán disfrutar de la vida. El sentimiento de satisfacción va acompañado de un gozo casi infantil, una manera despreocupada de vivir que nos permite apreciar las cosas sencillas y sentir gratitud por el magnífico don de la vida.

Esta nueva perspectiva se puede aplicar a todos los retos de la vida. Aquí no aprenderemos técnicas sofisticadas o "habilidades de afrontamiento" para manejar problemas específicos; simplemente aprenderemos a vivir en un estado de ánimo más sereno: un estado de amor. Lo mejor de comprender el funcionamiento psicológico sano es que este conocimiento perdura. No se trata de sentir en el futuro exclusivamente amor — esto no puede ocurrir — sino de que cuando carezcamos de este sentimiento positivo, comprendamos la razón de ello y sepamos exactamente cómo encaminarnos de nuevo en una mejor dirección.

LA CLAVE DE LA FELICIDAD ES SU MENTE

La mente nos presta básicamente dos servicios. Por una parte, es una caja fuerte donde se almacenan información y experiencias y, por otra, un transmisor de sabiduría y sentido común. La caja fuerte o "computador" es la parte del cerebro que sirve para analizar, comparar, relacionar hechos y hacer cálculos. La importancia de este componente es indudable: sin él no podríamos sobrevivir. La otra parte del cerebro, el "transmisor" al que todos tenemos acceso, se encarga de los "asuntos del corazón", donde la información del computador no es suficiente. La fuente de la satisfacción, la alegría y la sabiduría es el elemento transmisor de nuestra mente, y no el computador.

Parte del proceso de llegar a tener acceso a ese otro aspecto de nosotros mismos es reconocer qué tan necesario y práctico es. Evidentemente, sería inapropiado utilizar un computador para solucionar problemas de pareja o de trabajo, o para decidir cómo hablarle a nuestro hijo adolescente sobre drogas o a nuestro hijo pequeño sobre disciplina. La mayoría de las personas no utilizarían un computador para resolver problemas tan personales, que requieren tacto y sabiduría. Pero a menos que entendamos y valoremos el aspecto "transmisor" de nosotros mismos (el funcionamiento psicológico sano), no tendremos más alternativa que recurrir al "computador" para manejar nuestros asuntos personales.

Las respuestas nuevas y creativas no proceden de lo que el computador de nuestro cerebro ya sabe, sino de un cambio de actitud, de ver la vida de manera diferente, del elemento desconocido y más silencioso de nosotros mismos.

Ilustremos este punto con la famosa historia de la persona que perdió sus llaves. Ella piensa y piensa (elemento "computador") dónde podrán estar, pero no obtiene respuesta, porque sencillamente no se acuerda. Después, cuando ha dejado de pensar y está mirando por la ventana, la respuesta viene súbitamente a su cabeza y recuerda con exactitud dónde dejó las llaves. Esta persona encontró la respuesta cuando aclaró su mente, y no como resultado de pensar en exceso, lo que no habría permitido que la respuesta saliera a flote. Todos hemos tenido experiencias análogas, pero pocos han aprendido la valiosa lección de "no saber" para saber. En cambio, seguimos creyendo que la respuesta aparece después de devanarnos los sesos, de usar nuestro "computador".

Podemos aprender a usar, y a confiar en, el funcionamiento psicológico saludable, aquella parte serena de nuestra mente donde se originan los sentimientos positivos naturales, la parte sabia que conoce las respuestas, y que cuando no las conoce, sabe que no las conoce. Podemos aprender a distinguir entre el pensamiento originado en el "computador" y el pensamiento creativo: cuándo confiar en nuestro "computador" y cuándo sería más apropiado distanciarnos y tomar las cosas con calma.

El propósito de este libro es ayudarnos a experimentar con más frecuencia ese agradable estado de ánimo, la satisfacción con la vida. Cuando la gente aprende a vivir en un estado anímico de paz interior, descubre que la felicidad y la satisfacción son, en realidad, independientes de las circunstancias. No se trata de que las cosas no deban salir "bien" — naturalmente, esto es lo mejor — sino de que no siempre tienen que arreglarse antes de que podamos ser felices. No siempre tenemos influencia sobre los demás ni sobre los acontecimientos, pero sí tenemos la inmensa capacidad de sentirnos satisfechos y contentos con nuestra vida. Una consecuencia agradable de sentirnos felices "sin motivo alguno" es que los detalles molestos empiezan a solucionarse por sí mismos. De hecho pensamos mejor, con más claridad y más inteligentemente cuando nuestras mentes no están llenas de preocupaciones y sobresaltos.

En cualquier momento, nuestra mente puede ponerse a trabajar a favor o en contra de nosotros; pero podemos aprender a aceptar las leyes psicológicas naturales que nos rigen, y a vivir de acuerdo con ellas, cuando entendemos cómo fluir con la vida, en vez de luchar contra ella. Así podemos restablecer nuestro estado natural de satisfacción y alegría.

Los cinco principios del funcionamiento psicológico sano nos enseñarán a vivir en un estado emocional positivo durante más tiempo. Utilicémoslos como instrumentos de navegación que nos guíen a través de la vida y nos ayuden a dirigir nuestras velas hacia la felicidad.

— RICHARD CARLSON
Walnut Creek, California

PARTE I

❧

Los principios

1

❧

El principio del pensamiento

*Todo lo que logramos y todo lo que dejamos de
lograr es resultado directo de nuestros pensamientos.*
— James Allen

Los seres humanos somos criaturas pensantes. Cada momento
del día nuestra mente trabaja para darle sentido a lo que
vemos y vivimos. Aunque esto parece obvio, es uno de los principios menos comprendidos de nuestra estructura psicológica. Sin
embargo, comprender la naturaleza del pensamiento es la base
para lograr una vida completamente funcional y feliz.

Pensar es una habilidad, una función de la consciencia
humana. Nadie sabe exactamente de dónde procede el pensamiento, pero puede decirse que del mismo lugar donde se originan los
latidos de nuestro corazón: del hecho de estar vivos. Como sucede

con otras funciones humanas, todos pensamos, queramos o no. En ese sentido, el "pensamiento" es un elemento impersonal de nuestra existencia.

RELACIÓN ENTRE PENSAMIENTO Y SENTIMIENTO

Todo sentimiento negativo (y positivo) es resultado directo del pensamiento. Es imposible sentir celos sin tener antes pensamientos de celos, sentirse triste sin haber tenido antes pensamientos tristes, sentir ira sin tener antes pensamientos de odio, sentirse deprimido sin haber tenido antes pensamientos depresivos. Esto parece obvio, pero si lo entendiéramos mejor, todos nos sentiríamos mucho más contentos y viviríamos en un mundo más feliz.

Prácticamente todos los pacientes con quienes he trabajado a lo largo de mi práctica profesional han comenzado sus sesiones de la siguiente manera:

Paciente: Me siento muy deprimido hoy.

Richard: ¿Ha tenido pensamientos depresivos últimamente?

Paciente: No; no he tenido pensamientos negativos o depresivos. Simplemente me siento deprimido.

Me tomó algún tiempo reconocer que tenía un problema de comunicación con mis pacientes. Todos creemos que "pensar" significa sentarnos a "meditar", y que ésa es una actividad en la que hay que invertir tiempo y esfuerzo, como si se tratara de resolver un problema matemático. De acuerdo con este concepto, una persona a la que nunca se le ocurriría pasar seis horas obsesionada con un solo pensamiento de ira, podría pensar, sin embargo, que es bastante "normal" tener quince o veinte pensamientos de ira durante un día, pero de treinta segundos cada uno.

Podemos "pensar sobre algo" a lo largo de varios días o en el transcurso de un segundo, pero si acaso llegamos a darnos cuenta de lo que estamos pensando, tendemos a desechar como algo sin importancia aquellos pensamientos que llegan y se van rápidamente. Sin embargo, esto es un error, pues los sentimientos siguen y responden al pensamiento, independientemente del tiempo que hayamos pasado elaborando cada pensamiento. Si, por ejemplo, pensamos, así sea fugazmente: "Mi mamá le puso más atención a mi hermano que a mí; en realidad, él nunca me ha agradado", el hecho de que ahora sintamos resentimiento hacia nuestro hermano no es coincidencial. O, si pensamos: "Mi jefe no me aprecia; nunca obtengo el reconocimiento que merezco", el hecho de sentirnos ahora mal respecto de nuestro trabajo es una consecuencia de ese pensamiento. Todo esto ocurre en un instante. El tiempo que nos toma sentir los efectos de nuestros pensamientos es el mismo que nos toma ver la luz después de accionar un interruptor.

Los efectos nocivos del pensamiento se presentan cuando olvidamos que "pensar" es una función de la consciencia, una habilidad que tenemos los seres humanos. Somos los creadores de nuestros propios pensamientos. Pensar no es algo que nos ocurre, sino algo que hacemos; viene de nuestro interior, no del exterior. Lo que pensamos determina lo que vemos, aunque a menudo nos parezca lo contrario.

Pensemos en un atleta profesional que decepciona a sus compañeros de equipo al cometer un grave error durante el último campeonato en que participa antes de su retiro. Ya retirado del deporte, durante años sigue pensando con frecuencia en su error. Cuando le preguntan: "¿Por qué estás tan deprimido?", responde: "¡Qué idiota fui al cometer ese error! ¿De qué otra manera quieres que me sienta?" Este hombre no se ve a sí mismo como el creador de sus propios pensamientos, ni se da cuenta de que éstos son la causa de su sufrimiento. Si se le dijera que su pensamiento es lo que le está produciendo la depresión, respondería con toda sinceridad: "No, no es eso. Estoy deprimido por haber cometido ese error, y no porque esté pensando todo el tiempo en él. En realidad, ya rara vez pienso en eso, pero me molesta que haya ocurrido".

Podemos aplicar el ejemplo anterior a un gran número de situaciones: una vieja relación afectiva, un fracaso financiero, palabras duras que dijimos y con las que herimos a alguien, críticas dirigidas a nosotros mismos, el hecho de que nuestros padres no hubieran sido perfectos, haber escogido la profesión o el cónyuge equivocados; sea lo que sea, da lo mismo. Son nuestros pensamientos, y no nuestras circunstancias, los que determinan la manera como nos sentimos. Debido a que olvidamos que somos los responsables y los productores de nuestros propios pensamientos, nos parece que son las circunstancias las que determinan nuestros sentimientos y experiencias. En consecuencia, tendemos a culpar de nuestra infelicidad a las circunstancias, actitud que nos hace sentir impotentes frente a nuestra propia vida.

SOMOS LOS PENSADORES DE NUESTROS PENSAMIENTOS

A diferencia de otras funciones o habilidades que tenemos como seres humanos, es difícil recordar que somos los pensadores de nuestros propios pensamientos. Es fácil recordar que nuestra voz es producto de nuestra capacidad para hablar. Sería prácticamente imposible sorprendernos de nuestra capacidad para hablar, puesto que cada uno de nosotros capta perfectamente que el sonido de su voz proviene de sí mismo. Podremos gritar, dar alaridos y rabiar, pero no asustarnos con el sonido de nuestra voz.

Lo mismo puede decirse de nuestra capacidad para comer y digerir los alimentos. Después de comer algo, no acostumbramos pensar por qué tenemos ese sabor en la boca; siempre somos conscientes de que fuimos nosotros mismos quienes pusimos ese alimento en ella.

Sin embargo, no ocurre lo mismo con el pensamiento. William James, el padre de la psicología americana, dijo una vez: "El pensamiento es el gran creador de nuestra experiencia". Toda experiencia y toda percepción se basan en el pensamiento, pero como la acción de pensar antecede a todo y es tan automática, nos parece más básica y familiar que cualquier otra función humana. Ingenuamente, hemos aprendido a interpretar nuestros pensamientos como la "realidad", pero la de pensar es sencillamente una de nuestras muchas capacidades y por eso somos los creadores de nuestros pensamientos. Al pensar en algo, es fácil creer que el objeto de nuestro pensamiento (el contenido) representa la realidad. Pero cuando comprendemos que pensar es una capacidad y no una realidad, podemos empezar a desechar los pensamientos negativos que cruzan por nuestra mente. Al hacer esto, empieza a surgir un sentimiento positivo de felicidad. Cuando abrigamos pensamientos negativos (dedicándoles mucho tiempo y atención), perdemos ese sentimiento positivo y experimentamos los efectos del negativismo.

A continuación presentamos un ejemplo de la manera como el pensamiento se puede interpretar erróneamente, y de cómo ese error de interpretación puede afectar al "pensador". Supongamos que derramamos accidentalmente un vaso de agua en el piso de un restaurante y notamos que un hombre, a dos mesas de distancia, nos lanza lo que consideramos una mirada de desaprobación. Nosotros respondemos con ira y pensamos: "¿Qué le pasa a ese tipo? ¿Nunca se le ha caído nada? ¡Qué pelmazo!" Nuestros pensamientos acerca de la situación nos hacen sentir mal y terminan por arruinarnos la tarde. A cada momento recordamos el incidente, y cuanto más pensamos en él, nos ponemos más furiosos. Pero la verdad es que ese hombre ni siquiera vio que derramamos el agua. Él estaba en su propio mundo, reaccionando a sus propios pensamientos sobre un error que cometió en su trabajo ese mismo día. Nosotros no le importábamos; en realidad, ni siquiera se dio cuenta de nuestra existencia.

Infortunadamente, todos hemos pasado muchas veces por esta clase de situaciones. Se nos olvida que sólo estamos pensando y nos llenamos la cabeza de información falsa, que después interpretamos como si fuera "realidad" en vez de "pensamientos". Si recordáramos que somos los creadores de nuestros pensamientos y comprendiéramos que todo pensamiento produce distintos efectos en nosotros, durante el episodio del restaurante, por ejemplo, habríamos podido reconocer que lo que nos estaba mortificando no era otra persona, sino nuestros propios pensamientos.

Entender el principio del pensamiento y la manera como éste interviene en nuestra vida es un don invalorable. No tenemos que estar en permanente conflicto con nuestro medio y con quienes nos rodean; podemos mantener un sentimiento positivo de alegría, porque ya no nos sentimos obligados a tomar en serio cada pensamiento que acude a nuestra mente. Aunque no tenemos control alguno sobre lo que hace otra persona, sí podemos volvernos inmunes a los efectos adversos de nuestros pensamientos sobre esa persona, una vez que entendamos que pensamos "pensamientos" y no "realidades". Lo que determina cómo nos sentimos no son nuestras circunstancias, sino nuestros pensamientos, y la ausencia de pensamientos negativos hace surgir sentimientos positivos.

Si no entendemos este principio, creeremos que lo que ocurre en el mundo exterior determina nuestros pensamientos. Pero sucede precisamente lo contrario; nuestros pensamientos moldean nuestras experiencias. La manera como pensamos sobre las cosas y, lo que es más importante, la manera como nos relacionamos con nuestros pensamientos, determina el efecto que ellos tienen sobre nosotros. Las circunstancias externas son por sí mismas neutras, y es nuestro pensamiento el que les confiere significado. Ésta es la razón por la cual el mismo suceso puede significar, y efectivamente significa, distintas cosas para diferentes personas. Si en la situación hipotética del restaurante hubiéramos desechado nuestros pensamientos negativos, el incidente no nos habría importado. En una relación sana con nuestro pensamiento, seguiremos teniendo todo tipo de pensamientos, pero ya no correremos tras ellos, ni permitiremos que nos alteren.

Nuestra relación con el pensamiento

Nuestra comprensión de la relación existente entre el pensamiento y la realidad se sitúa entre estos dos extremos:

| Mis pensamientos representan la realidad | .... | Mis pensamientos son sólo pensamientos |

En un extremo se encuentra quien ve el pensamiento como

"realidad". Clínicamente se trataría de una persona psicótica, de alguien que nunca utiliza la palabra "pensamiento". Un psicótico experimenta cada pensamiento como si fuera "realidad"; para él no hay diferencia entre pensamiento y realidad. Si piensa que oye voces que le ordenan arrojarse por la ventana, trata de hacer eso; si piensa que ve un monstruo, trata de escapar. Sea cual sea el contenido de sus pensamientos, el individuo psicótico los considera siempre realidad.

En el extremo opuesto se sitúa la persona que entiende el proceso del pensamiento; aquélla que personifica la salud mental y la felicidad; la que no toma sus pensamientos, ni los de los demás, con demasiada seriedad; la que rara vez permite que sus pensamientos le arruinen el día. Quienes se encuentran de este lado pueden tener toda clase de pensamientos, pero entienden que "son sólo pensamientos".

Casi todos nos hallamos en algún punto intermedio entre estos dos extremos. Muy pocas personas toman la totalidad de sus pensamientos con tanta seriedad como para que se les considere "psicóticas". Pero, y esto es sorprendente, aun menos personas comprenden la naturaleza del pensamiento lo suficiente como para situarse en el extremo derecho del esquema. La mayoría de la gente no comprende que somos los creadores de nuestros pensamientos. Quizá por momentos nos percatemos de esto, pero sólo de manera parcial, pues nuestra mente crea tantas excepciones a este principio, que nos impide llegar a comprenderlo totalmente para poder ponerlo en práctica en nuestra vida. Un día, por ejemplo, nos sentimos mal anímicamente y pensamos: "Nunca lograré terminar este trabajo". Pero en vez de decirnos: "¡Aquí están de nuevo estos pensamientos pesimistas!", y de detener enseguida el negativismo, le damos rienda suelta a una sucesión de pensamientos negativos. Nos decimos: "Lo sabía desde el principio; nunca he debido aceptar este trabajo. Nunca he sido bueno para esta clase de trabajos y nunca lo seré", y así sucesivamente. Comprender cabalmente el proceso del pensamiento nos permite detener esos "ataques de pensamiento", tan comunes, antes que nos sintamos derrotados por ellos. Imaginemos que este tipo de pensamientos son como la estática del televisor: una interferencia. No tiene mayor sentido analizar la estática de la pantalla del televisor, al igual que no tiene sentido analizar la estática de nuestros pensamientos. Sin un entendimiento adecuado del proceso de pensamiento, una mínima cantidad de estática en nuestra mente puede crecer hasta llegar a arruinarnos todo un día, o, incluso, la vida entera. Cuando logramos verlos como si fueran estática o interferencia, quedamos en capacidad de desechar nuestros pensamientos negativos que, como sucede con la estática, no son útiles para nuestros fines. En el ejemplo anterior, los pensamientos negativos sobre nuestra capacidad para terminar el trabajo no nos van a ayudar realmente a terminarlo.

Todos los seres humanos producimos una corriente continua de pensamientos, veinticuatro horas al día. Cuando olvidamos un pensamiento, éste se va. Pero cuando pensamos de nuevo en lo mismo, la corriente se reanuda. De cualquier manera, se trata sólo de pensamientos. Desde un punto de vista práctico, esto significa que pensar en algo no implica necesariamente que debamos tomar a pecho todos nuestros pensamientos y reaccionar de una forma negativa, sino que podemos elegir los pensamientos ante los cuales deseamos reaccionar.

La mayoría de las personas son capaces de aplicarles este principio a los demás, pero no a sí mismas. Tomemos el caso de un conductor que va por una autopista. Un automóvil se le atraviesa y casi ocasiona un accidente. Por su mente cruza el pensamiento: "Debería matar al conductor de ese auto". Lo que pasó por su mente fue un pensamiento. Casi todos lo pasaríamos por alto, considerando que es un pensamiento "absurdo". Todos preferiríamos que los conductores fueran más cuidadosos, pero no tomaríamos demasiado en serio un pensamiento de esta clase. Sin embargo, una persona psicótica no puede pasarlo por alto con facilidad; ella cree firmemente que cualquier pensamiento que cruza por su mente es la realidad y, por lo tanto, debe tomarlo en serio.

A pesar de lo absurda que nos parece la posibilidad de tomar en serio ese pensamiento, todos hacemos lo mismo muchas veces al día, aunque de distintas formas y con un alcance distinto. Todos los seres humanos, cada uno a su manera, confundimos nuestros pensamientos con la realidad. Reconocemos que los pensamientos de los demás (como en el caso del conductor) son "sólo pensamientos", pero casi nunca juzgamos del mismo modo nuestros propios pensamientos. ¿Por qué nos parecen tan reales nuestros pensamientos? Porque somos nosotros mismos quienes los creamos.

No siempre tenemos que tomar en serio nuestros pensamientos

El siguiente pensamiento: "Quién sabe si él me quiere; me imagino que no" puede producirle gran desazón a determinada persona. Sin embargo, esa misma persona puede reconocer que el conductor del ejemplo anterior "sólo estaba pensando". Casi todos consideramos que nuestros pensamientos son dignos de atención, pero en cambio creemos que los de los demás son "sólo pensamientos" y, por lo tanto, no merecen atención. ¿Por qué ocurre esto? De nuevo, porque el pensamiento es algo que moldea nuestra realidad de adentro hacia afuera. Debido a que tenemos una relación tan íntima con nuestros pensamientos, olvidamos fácilmente que somos nosotros quienes los creamos. Pensar nos ayuda a darle sentido a lo que vemos; necesitamos pensar para sobrevivir en el mundo y darle significado a la vida. No obstante, cuando entendemos la verdadera naturaleza y el propósito del pensamiento, nos damos cuenta de que no necesitamos tomar a pecho todo lo que pensamos, y que podemos sosegarnos.

Nuestros pensamientos no son la "realidad", sino solamente intentos de comprender situaciones particulares. Nuestra interpretación de lo que vemos produce una respuesta emocional. Nuestras respuestas emocionales no son, entonces, resultado de lo que nos sucede, sino producto de nuestros pensamientos, de nuestro sistema de creencias.

Para ilustrar este punto pensemos en el caso de un circo que llega a un pueblo. Este acontecimiento se convierte en motivo de alegría para las personas que disfrutan de ese espectáculo; pero para quienes no gustan de él, el aumento del tráfico y el ruido se convierten en una gran molestia. El circo en sí mismo es neutral: no genera reacciones positivas ni negativas en la gente. Podemos pensar en multitud de ejemplos similares. Cuando comprendemos este concepto, nuestros pensamientos se convierten en un magnífico don y en una inmensa ayuda en nuestra vida. Pero, a la inversa, también podemos convertirnos en víctimas de nuestros pensamientos, y la calidad de nuestra vida puede menoscabarse. Puesto que nuestros pensamientos cambian de un momento a otro, la vida se puede volver un combate y hasta un campo de batalla.

El nivel de nuestra felicidad parece bajar y subir de acuerdo con nuestras circunstancias. Pero en realidad no son las circunstancias, sino la forma como las interpretamos, lo que determina el nivel de nuestro bienestar. Ésta es la razón por la cual circunstancias idénticas pueden tener significados diferentes para distintas personas. Aprendamos a considerar los pensamientos negativos como una forma de "estática mental", y así podremos dejar de prestarles tanta atención.

Comprender la naturaleza del pensamiento nos permite vivir en un estado de sosiego, en el cual predominan los sentimientos "neutrales" y positivos, la felicidad y una alegre satisfacción. Cuando dejamos de prestarles atención a nuestros pensamientos, particularmente a los negativos, nos queda una sensación de satisfacción y tranquilidad. Esto no quiere decir que no debamos pensar, pues indudablemente necesitamos hacerlo. Sólo quiere decir que los pensamientos negativos — los que nos perturban y nos producen infelicidad — no merecen ser tenidos en cuenta, pues nos privan de lo que buscamos; es decir, del sentimiento de felicidad. Tal estado de serenidad abre en nuestra mente el espacio necesario para que surjan pensamientos nuevos y creativos, los cuales nos llevan a recuperar esa despreocupación y esa propensión a la aventura propias de la infancia, que nos permiten maravillarnos y disfrutar de todo.

Esta actitud despreocupada y menos trascendental hace que escuchemos a los demás de manera amable. Nos permite escuchar sin alterarnos incluso las críticas, pues ya no estamos analizando, sino recibiendo información.

En última instancia, la relación que tengamos con nuestros pensamientos determina nuestra salud mental y nuestra felicidad. ¿Creemos, acaso, que por el hecho de estar pensando en algo debemos tomarlo en serio? ¿Entendemos que pensar es un acto que ejecutamos gracias a que somos seres humanos, y que no debemos confundir el pensamiento con la realidad? ¿Podemos pensar en algo y seguidamente dejarlo de lado y olvidarlo, o sentimos el impulso de meditar sobre ello y analizarlo?

LAURA Y ESTEBAN

Laura va en su automóvil a visitar a su novio Esteban. Por el camino escucha un programa radial sobre los numerosos matrimonios que terminan en divorcio y empieza a pensar: "Dudo que Esteban y yo nos casemos algún día. Me pregunto si vale la pena. ¿Cómo sería nuestro matrimonio? Esteban tiene muchas de las características de su padre, que es divorciado. Es poco puntual y tiende a trabajar demasiado. Quién sabe si yo soy tan importante para él como su trabajo, y dudo que nuestros hijos lleguen a ser más importantes que su trabajo". Y sigue cavilando.

Los pensamientos de Laura se desencadenaron de manera automática; se presentaron en un instante. Consideremos su efecto con base en la relación que Laura mantiene con su pensamiento. Primero, supongamos que Laura cree (como la mayoría de la gente) que si un pensamiento cruza por su mente es digno de atención y debe ser tomado en serio. No se da cuenta de que ella es quien está creando sus pensamientos, y supone que el contenido de éstos es importante. En consecuencia, ella se siente justificadamente preocupada por su relación afectiva y decide conversar sobre el tema con Esteban. Durante el resto del trayecto se siente muy inquieta.

Ahora consideremos otra alternativa. Laura comprende que

sus pensamientos moldean su experiencia de la vida. Los mismos pensamientos de antes cruzan por su mente y, en un instante, ella empieza a sentir sus efectos adversos, pero entonces recuerda que fueron sus pensamientos, y no Esteban, lo que la preocupó acerca de su relación, que hasta ese momento ha marchado a la perfección. Pocos segundos antes de empezar el programa radial, Laura había estado reflexionando sobre lo bien que iba su relación afectiva; se sentía tranquila porque simplemente estaba pensando, no analizando sus pensamientos. En este caso, Laura sonríe y agradece el hecho de no tener que seguir siendo víctima de sus propios pensamientos. Adopta una actitud despreocupada y deja de lado esos pensamientos, y pasa el resto del viaje disfrutando de su música favorita y del sentimiento de felicidad que experimenta.

LA OPCIÓN DE ACTUAR BASÁNDONOS EN NUESTROS PENSAMIENTOS

Casi todos suponemos que si algo "nos viene a la mente" es por alguna razón; porque ese pensamiento representa la realidad, y por eso es digno de atención y debemos analizarlo. Sin embargo, si entendemos el principio del pensamiento, sabremos que esto es un error.

Si algo "nos viene a la mente", reconozcámoslo como lo que es: un pensamiento pasajero. Esto no quiere decir que no podamos o no debamos tomar en cuenta nuestros pensamientos, ni tampoco que no podamos o no debamos actuar basándonos en ellos; pero la comprensión del principio del pensamiento nos muestra que ésta es sólo una de las distintas opciones que tenemos. Miles de pensamientos pasan por nuestra mente cada día; de acuerdo con el principio del pensamiento, no hay uno más importante que otro, y cada uno no es más que un pensamiento. Una vez que hayamos comprendido este principio, nuestros pensamientos dejarán de determinar la calidad de nuestra vida, y en cambio, podremos optar por disfrutar más a menudo de ese estado placentero que proviene de adoptar una actitud más despreocupada frente a nuestros pensamientos.

La razón por la cual podemos ver una película de terror y después salir a comer a un restaurante es que de la película nos separa un buen paso. Entendemos que se trata "solamente de una película", y que cuando termina, termina; ya no tiene relación con nosotros, y proseguimos nuestra vida. Lo mismo ocurre con el pensamiento; sólo está en nuestra mente. Cuando el pensamiento sale de la mente, sale . . . hasta que volvemos a tener el mismo pensamiento. Los pensamientos no tienen nada de temible, cuando comprendemos que son únicamente pensamientos.

Quizá la mayor equivocación en torno a este principio es creer que la meta es "controlar" nuestros pensamientos. No lo es. La meta es comprender qué es el pensamiento: una capacidad que todos tenemos y que moldea nuestra realidad de adentro hacia afuera. Nada más y nada menos. Lo que a la larga determina la calidad de nuestra vida no es lo que pensamos, sino la relación que mantenemos con nuestros propios pensamientos, la forma como los producimos y como respondemos a ellos.

ANALOGÍA CON UN SUEÑO

Es común despertarse por la mañana y decir: "¡Increíble! Tuve un sueño que parecía realidad". Pero, a pesar de lo real que pareciera, lo reconocemos como lo que es: un sueño. Si soñamos que le llevamos el automóvil al mecánico para que lo arregle, pero él lo daña todavía más, no vamos al día siguiente al taller a quejarnos. Comprendemos que soñar no es sino pensar mientras dormimos. Si establecemos una analogía con el principio del pensamiento, comprenderemos que no hay razón alguna para tomar como verdadero lo que pensamos durante nuestras horas de vigilia, por "real" que nos parezca.

DOS ASPECTOS DEL PENSAMIENTO

Es importante comprender dos aspectos del pensamiento: el primero es el hecho de que pensamos, de que poseemos esa facultad. Este primer aspecto no se refiere a lo que pensamos (el contenido), sino al reconocimiento de que nosotros somos los productores de los pensamientos que constantemente pasan por nuestra mente. El segundo aspecto, que por lo general es motivo de controversia, se refiere al "contenido"; es decir, a lo que pensamos. Hay una gran diferencia entre los dos aspectos.

Los partidarios del "pensamiento positivo" aconsejan tener pensamientos positivos con la mayor frecuencia posible, y evitar completamente los pensamientos negativos. Aunque es cierto que los pensamientos positivos nos hacen sentir mejor que los negativos, el "pensamiento positivo" es un concepto erróneo, pues parte de la suposición de que el pensamiento contiene por sí mismo un elemento de realidad que debe suscitar nuestro interés y preocupación. Pero, sea positivo o negativo, el pensamiento sigue siendo solamente una función.

Cuando entendemos lo que realmente es el pensamiento, empezamos a darles, tanto a los pensamientos positivos como a los negativos, el significado que tienen. Un "pensador positivo", en cambio, está constantemente bajo la presión de que debe generar sólo pensamientos positivos, lo que demanda una concentración y un esfuerzo enormes y deja poca energía para producir pensamientos nuevos y creativos. Cuando los pensamientos negativos entran en su mente (lo que naturalmente ocurre), el pensador positivo tiene que negar su existencia y reemplazarlos con pensamientos positivos.

Las personas que entienden la naturaleza del pensamiento no se sienten presionadas a producir contenidos específicos. Toman el pensamiento por lo que es: una función de la consciencia, una aptitud voluntaria que moldea nuestra experiencia. ¿Significa esto que quienes comprenden que pensar es una función producen intencionalmente pensamientos negativos? Naturalmente que no. Tampoco significa que por su mente nunca pasen pensamientos negativos. Esas personas simplemente comprenden que los pensamientos negativos, en sí mismos, no tienen el poder de herirlos. Para ellas, los pensamientos, tanto los positivos como los negativos, son sencillamente pensamientos.

LA HISTORIA DE JULIA

Como pura función de la consciencia que es, el pensamiento carece de contenido hasta el momento en que se lo damos. Nuestras creencias e ideas sobre la vida, nuestras opiniones y suposiciones determinan el contenido que les damos a nuestros pensamientos. Pero los pensamientos en sí mismos son inofensivos, pues son conceptos vacíos hasta el momento en que les atribuimos significado.

Analicemos la historia de Julia: cuando era pequeña, sus padres contrataron a una niñera para que les ayudara a cuidarla; luego Julia creció, y en su vida adulta alimentó la creencia de que una de las condiciones más importantes de un "buen padre" era pasar con los hijos la mayor cantidad de tiempo posible. Un día, mientras reflexionaba sobre sus padres, cruzó por su mente el pensamiento de que ellos no la habían atendido de niña como debieran haberlo hecho; la prueba era que habían contratado a una niñera de tiempo completo. ¿Por qué sus padres no deseaban ocuparse de su hija ellos mismos? Quizás ella no les importaba tanto como decían.

Pero, ¿cómo sabe Julia esto? ¿En qué basa su conclusión? ¿Quién puso en su mente ese contenido sobre lo que es ser un buen padre? Ella misma. Un pensamiento sobre sus padres cruzó por su mente, simplemente un pensamiento, hasta que ella le añadió este contenido: "Quizás mis padres no se preocupaban por mí tanto como yo pensaba". No importa que ella haya mantenido una relación cariñosa y perfectamente sana con sus padres; por su mente ya ha cruzado un pensamiento negativo. Si lo toma en serio y no lo aleja, indudablemente se deprimirá. Ella podría conversar sobre esta inquietud con sus amigas, con su esposo o, si le parece que el tema es lo suficientemente importante, hasta podría tratar francamente sobre él con sus padres. De hecho, la psicología popular le aconsejaría hacer exactamente eso: analizar la "estática" y después actuar. Se piensa que desahogarnos y "expresar los sentimientos" son buenas medidas; pero, ¿lo son siempre? Si Julia comprendiera dónde se originaron verdaderamente sus sentimientos, ¿decidiría plantearles el tema a sus padres?

Todo este sufrimiento, y mucho más, es simplemente resultado de tener un concepto erróneo sobre la naturaleza del pensamiento.

En lugar de ver que ella, como todo el mundo, piensa constantemente, Julia tenía la tendencia a tomar demasiado en serio sus pensamientos. Si hubiera reconocido lo que estaba pasando, habría podido desechar los pensamientos negativos sobre su infancia, y habría seguido experimentando sentimientos positivos y sintiéndose segura respecto de su vida.

En los próximos capítulos, volveremos sobre esta historia con el fin de ilustrar cómo interactúan los cuatro principios en el desarrollo de una vida feliz.

SISTEMAS DE PENSAMIENTO

Todos nuestros pensamientos pasados se agrupan en nuestro "sistema de pensamiento", una unidad autónoma a través de la cual vemos el mundo. Cada una de nuestras decisiones, reacciones e interpretaciones recibe la influencia de nuestro sistema de pensamiento individual.

Un sistema de pensamiento es una especie de filtro a través del cual pasan nuestros pensamientos antes de llegar a la consciencia. Se trata de un patrón complejo y perfectamente entretejido de pensamientos, que se relacionan entre sí en forma de conceptos, creencias, expectativas y opiniones. Nuestro sistema de pensamiento es lo que nos permite comparar hechos y situaciones nuevos con los que ya conocemos por experiencia.

Nuestro sistema de pensamiento contiene toda la información que hemos acumulado a lo largo de la vida. Este sistema utiliza la información del pasado para evaluar la importancia relativa de todos los sucesos de nuestra vida. En ese sentido, nuestro sistema de pensamiento es la fuente del pensamiento "condicionado".

Cuando dependemos de él, pensamos de la manera habitual, es decir, de la manera como solemos ver las cosas. De allí surgen nuestras reacciones habituales ante los hechos de la vida.

El sistema de pensamiento de cada persona contiene su visión individual de "cómo es la vida". Estos sistemas son los mecanismos psicológicos que nos indican que estamos en lo "correcto" y que entendemos "correctamente las cosas". Los sistemas de pensamiento son, por su misma naturaleza, pertinaces e inalterables, y se ratifican a sí mismos permanentemente. Si el nuestro incluye la idea de que las escuelas del país son pésimas y causantes de buena parte de los problemas nacionales, se puede producir la siguiente escena: Estamos leyendo el periódico y de pronto, en la página diez, nos topamos con un artículo poco destacado dentro de la página, que dice: "Veintiún estudiantes reprobados en examen de alfabetismo". Nosotros sonreímos; nuevamente hemos probado que estamos en lo cierto. Le mostramos el artículo a nuestro cónyuge, diciéndole: "Fíjate lo que dice el artículo; nuestras escuelas son un desastre. Tal como te lo he dicho tantas veces". Pero nosotros no sabemos que en la primera página hay un titular que dice: "Puntajes de pruebas escolares a nivel nacional superan en 17% los de los últimos cinco años". Ésta es la naturaleza de nuestros sistemas de pensamiento. Por la forma como se entrelazan en nuestra mente, siempre nos parece que existe una conexión lógica entre las cosas que percibimos como verdaderas. Nuestras creencias siempre tendrán sentido para nosotros dentro de nuestro sistema de pensamiento.

Nuestros sistemas de pensamiento nos llevan a creer que somos "realistas" y que la forma como vemos la vida refleja lo que ésta es en realidad. El hecho de que una persona considere que cierta situación encierra una oportunidad, mientras que otra igualmente inteligente ve la misma situación como un grave problema, no le plantea ninguna dificultad a nuestro sistema de pensamiento, pues éste simplemente descarta el punto de vista que le parece "confuso", "bien intencionado, pero equivocado", o "no del todo correcto".

Debido a que nuestros sistemas de pensamiento están llenos de recuerdos — es decir, de la información acumulada a lo largo de nuestra vida —, ellos nos impulsan a seguir viendo las cosas de la misma manera como las hemos visto siempre. Una y otra vez reaccionamos negativamente (o positivamente) ante las mismas situaciones o circunstancias, interpretando nuestras experiencias presentes de la misma manera como lo hemos hecho en el pasado. Alguien que crea que la gente es "crítica por naturaleza" reaccionará defensivamente toda vez que reciba una sugerencia, independientemente de que en realidad haya habido o no una intención crítica. Mientras no comprenda la naturaleza de los sistemas de pensamiento en general, y del suyo propio en particular, esa persona seguirá convencida de que su forma habitual de interpretar a los demás es correcta. Entender este concepto le ayudará a reconocer que no está viendo la "realidad" o la "verdad", sino una interpretación de la realidad a través de su propio pensamiento.

Debido a que nuestro propio sistema de pensamiento nos es tan familiar, creemos que la información que nos da es exacta y verdadera; y como estos sistemas tienden a autorratificarse, aceptamos las ideas que nos son familiares y hacemos caso omiso del resto. Ésta es la razón por la cual la gente raras veces modifica sus puntos de vista políticos o religiosos, y hasta vacila en discutir estos temas con amigos o familiares. Cada cual "conoce la verdad" y puede dar ejemplos y argumentos para respaldar sus puntos de vista. Cada cual también "sabe" que sus familiares y amigos "no entienden la verdad" y que, puesto que son tercos, nunca la entenderán. Pero el resultado de cerrarse a otros sistemas de pensamiento es usualmente el malestar general. Éste es el motivo por el cual la gente se siente atraída por quienes comparten sus creencias y se impacienta con quienes no las comparten.

Tal actitud puede cambiar, si comprendemos la naturaleza de los sistemas de pensamiento. Cuando aprendemos que tanto los demás como nosotros mismos inocentemente interpretamos nuestras creencias como si fueran realidad, empezamos a liberarnos de la necesidad de "tener la razón". Empezamos a darnos cuenta de que nuestras creencias obran simplemente en función de nuestra experiencia y condicionamiento; si nuestro pasado hubiera sido distinto, también serían distintas nuestras ideas sobre la vida. De igual manera, las creencias de los demás también son resultado de sus experiencias; si las cosas hubieran sido diferentes para ellos, el resultado habría sido un conjunto totalmente diferente de creencias.

En este punto, tal vez digamos: "Todo esto puede ser cierto, pero mi visión de la vida es buena, y no sólo sigo creyendo que es justa, sino que no la cambiaría aunque pudiera". No se trata de cambiar nuestro sistema de pensamiento o nuestras ideas sobre la vida, sino de ver la naturaleza arbitraria de dichos pensamientos e ideas. Para reducir el malestar que sentimos en la vida, no es necesario alterar el contenido de nuestro sistema de pensamiento, sino tan sólo entender la naturaleza de éste. A menos que comprendamos lo que es un sistema de pensamiento, difícilmente escucharemos otros puntos de vista. Interpretamos lo que los demás dicen y hacen basándonos en lo que ya sabemos. Recibimos nueva información y, basándonos en nuestros conocimientos previos, decidimos si ésta tiene sentido o no. A menos que estemos de acuerdo con la información que recibimos, nuestro sistema de pensamiento tenderá a darle poca importancia. Así, la información nueva que recibimos por lo general no es bien acogida por nuestro sistema de pensamiento. Por este motivo, los mismos sucesos o circunstancias nos pueden mortificar reiterativamente a lo largo de la vida, porque hemos establecido relaciones "causa-efecto" entre ciertos acontecimientos y ciertas reacciones.

Podemos, por ejemplo, tomar cualquier sugerencia que nos haga otra persona como una muestra de desaprobación. Ni siquiera ponemos en duda tal suposición, pues nuestro sistema de pensamiento siempre tiende a ratificarla. Esta suposición sobre la naturaleza humana siempre nos parece verdadera y exacta. Incluso si alguien nos asegura que nuestra interpretación está fuera de lugar, estamos convencidos de que la otra persona tiene "motivos ocultos", o que no se da cuenta de la hostilidad que siente hacia nosotros. No importa cuánto tiempo nos tome, siempre trataremos de ratificar nuestras creencias para probar que estamos en lo cierto, aun a costa de sentirnos desdichados.

Pero si entendemos la naturaleza de los sistemas de pensamiento, podremos comenzar a ver más allá y a valorar puntos de vista diferentes del nuestro. Lo que antes interpretábamos como una crítica, ahora lo veremos solamente como una opinión de otra persona que tiene su propio sistema de pensamiento. Prácticamente, podremos eliminar de nuestra vida las discusiones inútiles y dejar de sentir resentimiento, confusión o ira ante quienes no ven la vida igual que nosotros. En efecto, cuando entendamos que los sistemas de pensamiento son tercos por naturaleza, estaremos preparados para el hecho de que los demás no vean la vida con nuestro mismo lente.

ROBERTO Y CAROLINA Y EDUARDO Y ALICIA

La pareja "A", constituida por Roberto y Carolina, entiende la naturaleza de los sistemas de pensamiento. A la pareja "B", formada por Eduardo y Alicia, no le sucede lo mismo.

La pareja "A" tiene un hijo pequeño a quien ambos aman profundamente. En un sincero esfuerzo por ayudarle a su esposa en algunas tareas, Roberto ofrece sacar tiempo de su trabajo para llevar a vacunar al niño. A pesar de que a Roberto esto no le parece lo más agradable de la crianza de su hijo, se ofrece a hacerlo. Carolina, para quien llevar el niño al médico es una forma importante de demostrarle su amor, aprecia el ofrecimiento de su marido y se lo agradece, pero no acepta. Sabe que el sistema de pensamiento de su marido contiene maneras de ofrecer ayuda distintas de las suyas; pero más importante todavía es el hecho de que Carolina entiende que ella tiene su propio sistema de pensamiento, con sus necesidades, creencias y deseos sobre la crianza de los hijos, diferente del de su marido. Así, pues, decide con serenidad que ella misma llevará el niño al médico.

Pareja B: la misma escena, pero en un nivel diferente de comprensión. Eduardo, quien ama a su hijo tanto como Roberto al suyo, también ofrece ayudar, pero Alicia no conoce el tema de los sistemas de pensamiento. Para ella, el hecho de que su esposo le haya ofrecido esta ayuda significa que no la considera una buena madre. Ella nunca les ofrecería este tipo de ayuda a sus amigos (excepto en una emergencia), porque "sabe" que llevar a vacunar al hijo es una de las tareas de una madre responsable. Ante el ofrecimiento de su marido, Alicia responde acusándolo de no confiar en sus habilidades maternales; y puesto que Eduardo conoce tan poco sobre los sistemas de pensamiento como Alicia, la califica de "desagradecida". Esta situación se agrava con una fuerte discusión que distancia durante varios días a la pareja. Éste es sólo un ejemplo de las discusiones típicas que pueden producirse por desconocer los sistemas de pensamiento.

Si Eduardo o Alicia hubieran entendido esto, jamás se habría presentado el altercado. Alicia hubiera escuchado el ofrecimiento de su marido e, independientemente de lo que estuviera sintiendo, habría respondido: "No, gracias; me gustaría llevar personalmente al niño", o algo parecido. Si Eduardo hubiera tenido ese tipo de conocimiento, habría evitado el problema de raíz, reconociendo que la reacción de Alicia obedecía a su sistema de pensamiento. En ese caso, Eduardo habría podido explicar de manera cariñosa y no defensiva su deseo de ayudar. Incluso, si Alicia no hubiera entendido la explicación afectuosa de su marido, éste no se habría ofendido por la respuesta de su mujer; más bien, Eduardo habría equiparado el problema a dos sistemas de pensamiento en pleno juego de "ping-pong", que era justamente lo que estaba ocurriendo. Así como dos personas que hablan idiomas distintos no se pueden entender sin la ayuda de un intérprete, a veces dos sistemas de pensamiento requieren un poco de comprensión para entenderse.

Es interesante señalar que para Carolina era tan importante como para Alicia llevar personalmente a su hijo al médico. La diferencia entre sus respectivos comportamientos no radicó en sus opiniones o circunstancias, sino en su comprensión. Carolina sabía que su opinión provenía de su sistema de pensamiento, mientras que Alicia creía que la suya se originaba en el hecho de ser madre. Ella creía que ciertas tareas eran inherentes a una buena madre y tenían prioridad sobre las demás, e interpretó el ofrecimiento de su marido de compartir la responsabilidad como una crítica a sus habilidades como madre.

Comprender el funcionamiento de los sistemas de pensamiento nos permite empezar a evitar estas discusiones innecesarias, y la infelicidad que producen.

2

❦

El principio de los estados de ánimo

El tiempo calma, el tiempo aclara;
ningún estado de ánimo puede mantenerse
inalterado a lo largo de las horas.
— Thomas Mann

Aunque como seres humanos permanentemente "pensamos", el nivel de reconocimiento de que somos nosotros los que producimos nuestros pensamientos cambia permanentemente. Estas constantes fluctuaciones en el nivel de consciencia que tenemos de ser nosotros los creadores de nuestros pensamientos es lo que se conoce como "estados de ánimo" cambiantes. Arriba, abajo, nuevamente arriba, otra vez abajo, cada minuto, cada día, el nivel de nuestro estado anímico fluctúa. En algunas personas las fluctuaciones del ánimo son leves, pero en otras son extremas.

En ambos casos, el hecho cierto es que nunca permanecemos durante mucho tiempo en el mismo estado emocional, pues justo cuando empezamos a sentir que la vida fluye sin contratiempos, el nivel de nuestro ánimo baja y todo empieza a parecernos de nuevo desapacible; o cuando empezamos a pensar que no hay esperanza, nuestro estado de ánimo se levanta y la vida vuelve a parecernos maravillosa.

Cuando estamos "de buen ánimo", la vida se ve bien. Tenemos sentido de la perspectiva y sentido común. En estas condiciones, los problemas nos parecen menos agobiantes y más fáciles de resolver. Cuando estamos de buen ánimo, las relaciones fluyen con facilidad y la comunicación es afable y desenvuelta. En cambio, cuando estamos de mal talante, la vida nos parece intolerablemente dura y seria. Perdemos buena parte del sentido de la perspectiva y tendemos a creer que los demás no tienen otro oficio que hacernos la vida imposible. Nos parece que la vida está en contra de nosotros. Tomamos las cosas personalmente y a menudo interpretamos mal a quienes nos rodean. Estas características de los estados de ánimo son universales; funcionan así para todo el mundo. No existe una sola persona que, estando de mal ánimo, se sienta al mismo tiempo feliz y despreocupada, y cuya compañía sea divertida. Del mismo modo, no hay una sola persona que, estando de buen ánimo, se muestre al mismo tiempo a la defensiva, enojada y testaruda.

NUESTRO ESTADO DE ÁNIMO
CAMBIA CONSTANTEMENTE

Las personas no se dan cuenta de la naturaleza cambiante de su estado de ánimo, y piensan, en consecuencia, que su vida ha empeorado súbitamente en el curso del día o de la última hora. Tomemos el ejemplo de uno de mis pacientes, quien acudió inicialmente a la consulta porque pensaba que tenía graves problemas de relación con su esposa. Vino a mi consultorio dos días seguidos. El primer día estaba radiante por lo mucho que se habían divertido él y su mujer durante el fin de semana. Según su relato, ellos habían reído, jugado, charlado y tenido unos maravillosos y románticos días. Evidentemente, él estaba de buen ánimo. Sin embargo, al día siguiente llegó quejándose por la ingratitud de su esposa frente a todo lo que él hacía por ella.

— Nunca aprecia nada de lo que hago — dijo—. Es la persona más desagradecida que he conocido.

— ¿Y qué pasó con la euforia de ayer? — le pregunté — ¿No me dijo que la relación de ustedes era maravillosa?

— Sí; pero estaba totalmente equivocado. Me estaba engañando, tal como lo he estado haciendo durante todo nuestro matrimonio. Creo que quiero divorciarme.

Este cambio abrupto y total puede parecernos absurdo y hasta cómico, pero todos somos así. Mientras estamos de mal ánimo, perdemos la capacidad de escuchar y nuestro sentido de la perspectiva se desvanece. La vida nos parece grave y apremiante.

LOS ESTADOS DE ÁNIMO SON PARTE DE LA CONDICIÓN HUMANA

Los estados de ánimo forman parte de la condición humana; no podemos evitarlos. No podremos evitar que nuestro ánimo cambie gracias a este libro; eso no puede ocurrir. Lo que sí puede ocurrir es que lleguemos a entender que los estados anímicos son parte del hecho de ser humanos. Podemos aprender a cuestionar la validez de nuestras percepciones cuando nos sintamos mal de ánimo, en vez de permanecer aferrados a la convicción de que estamos viendo la vida "con realismo". En estados de ánimo diferentes, la vida y los acontecimientos se ven de manera diferente. Aprendamos a superar el mal ánimo tomándolo simplemente como lo que es: una condición humana inevitable, que se supera con el tiempo si la dejamos "en paz" y no le prestamos demasiada atención.

Cuando entendemos la dinámica de los estados de ánimo, aprendemos a apreciar los "altos" y a superar airosamente los "bajos". Esto contrasta bastante con lo que casi todos hacemos cuando estamos de mal ánimo: tratamos de "pensar", de "ir al fondo del problema", y hasta de "forzarnos" a salir de tal estado. Pero es tan difícil forzarnos a salir de un mal estado de ánimo como tratar de disfrutar haciendo algo que no nos gusta. Cuanto más nos forzamos (o pensamos), más nos hundimos.

Cuando estamos de mal ánimo la vida nos parece tan trascendental, tan seria, que todo adquiere para nosotros carácter urgente. Ésta es la razón por la cual la mayoría de las personas tienen sus discusiones "serias" cuando están mal anímicamente, y éste es uno de los problemas fundamentales de las relaciones humanas. El simple hecho de reconocer en los demás o en nosotros mismos que nos hallamos en un mal estado de ánimo, puede cambiar el curso de una relación.

Un comportamiento de nuestros hijos que nos parece gracioso cuando estamos de buen talante, puede irritarnos cuando estamos anímicamente mal. Si entendemos el principio de los estados de ánimo, dejaremos de sembrar la confusión en nuestros hijos acusándolos injustamente cuando estamos mal, para luego tener que excusarnos por nuestras palabras y acciones. Esto nos ocurre no sólo con nuestros hijos, sino con todas nuestras relaciones y en todo tipo de situaciones. Cuando entendemos la influencia que nuestros estados de ánimo ejercen sobre nuestra visión de la vida, dejamos de reaccionar ante ellos o de sentirnos sus víctimas. Veremos las cosas desde una óptica diferente si, por el momento, las dejamos "en paz".

LO QUE CAMBIA ES EL ESTADO DE ÁNIMO, NO LA VIDA

En un buen estado de ánimo, en el que predominen los sentimientos positivos, el funcionamiento psicológico sano y esa cierta "sensación agradable", no necesitamos hacer ajustes mentales; simplemente, nos sentimos bien. Pero, ¿qué pasa cuando no nos sentimos así de bien? Comprender la dinámica de los estados de ánimo nos permite recuperar el buen ánimo poco después de haberlo perdido, porque cuando entendemos que lo que ha cambiado súbitamente es nuestro estado de ánimo, y no nuestra vida, nuestra perspectiva mejora. Esta nueva perspectiva nos enseña a tomar nuestros pensamientos con menos seriedad cuando no nos sentimos bien; a darle un descanso a nuestro pensamiento y a distraer nuestra atención de aquello en lo que estamos pensando. Nos volvemos más tranquilos y pacientes con nuestros estados de ánimo, lo cual nos ayuda a volver a disfrutar de un sano estado de funcionamiento.

Recordemos la historia de Julia y la niñera, ¿cómo influiría en esa situación la comprensión de la dinámica de los estados de ánimo? Si observamos bien, notaremos que todas las situaciones similares a ésta se relacionan con estados anímicos. Cuando Julia cae en un estado de ánimo depresivo, genera pensamientos negativos sobre su vida, como le sucede a todo el mundo. En este caso, ella produjo pensamientos negativos sobre sus padres por la decisión de éstos de contratar a una niñera de tiempo completo para cuidarla cuando era pequeña. Pero si le hubiéramos preguntado el día anterior, cuando estaba de mejor ánimo (estado en el que prevalecen los sentimientos positivos), si le importaba o no ese viejo asunto, probablemente ella hubiera reído. Incluso hubiera dicho: "Ésa fue una gran idea; quizás debería probarla con mi hijo".

Desde luego, hay ocasiones en las que sacamos las mismas conclusiones sobre ciertos hechos, cualquiera que sea el estado anímico en que nos encontremos. Pero la forma como nos sentimos acerca de algo depende siempre de nuestro estado de ánimo. Incluso sintiéndose bien anímicamente, Julia puede considerar que no es conveniente contratar a una niñera para su hijo; pero bajo estas condiciones anímicas, ese pensamiento no la afectaría tan adversamente.

Es importante que siempre seamos conscientes del nivel de nuestro estado de ánimo, especialmente cuando está bajo. Si Julia se hubiera dado cuenta de que estaba de mal ánimo, habría estado preparada para reaccionar de la manera como lo hizo frente a sus pensamientos sobre la decisión de sus padres, porque habría sabido que estaba experimentando una reacción propia de su bajo estado de ánimo, y que sería mejor reconsiderar sus sentimientos cuando se sintiera mejor.

Todo se ve diferente a la luz de los distintos estados de ánimo.

Cuando entendemos este principio, aumenta notablemente nuestra comprensión no sólo de nosotros mismos, sino también de los demás. Cuando conocemos este principio, entendemos que a veces nuestra pareja o nuestros amigos vean el lado positivo y atractivo de una situación, mientras que en otras ocasiones todo les parezca un problema real o potencial. Si aprendemos a reconocer el estado de ánimo de los demás, dejaremos de juzgarlos cuando estén viendo sólo el lado oscuro de la vida, pues bajo la influencia de un estado de ánimo bajo, todos vemos el lado oscuro. Comprender la dinámica de los estados de ánimo nos permitirá recordar: "Es natural que él vea así la situación, porque está de mal ánimo". Cuando no comprendemos esto, nos formamos la opinión de que los demás son "pesimistas", "negativos" o "cortos de miras". Olvidamos que una hora antes la misma persona veía exactamente la misma situación desde una óptica diametralmente opuesta.

Cuando empezamos a reconocer los niveles de nuestro ánimo, súbitamente éste se convierte en el responsable de nuestra visión de la vida. Cuando estamos de buen ánimo, vemos la misma situación de manera distinta. No se trata de eludir nuestra responsabilidad, sino de entender que ésta es una realidad de la vida que se aplica a toda situación en la que hayamos estado, o en la cual lleguemos a estar envueltos.

No tome con demasiada seriedad los malos estados de ánimo

Cuando no comprendemos la influencia de los estados de ánimo sobre nuestro comportamiento, tendemos a "tomar a pecho" todo lo que dice nuestra pareja (o cualquier otra persona). Pero cuando entendemos el principio de los estados de ánimo, nos damos cuenta de que ésa es una actitud que no hace otra cosa que crear problemas. Cuanto más tiempo pasemos con otra persona, es más probable que tengamos que vérnoslas con sus estados de ánimo "bajos", durante los cuales puede llegar a decirnos cosas que no desearíamos oír.

Muchos de los problemas que tienen las parejas se reducen a que cada uno de sus miembros ha adquirido la costumbre de tomar con demasiada seriedad el mal estado anímico del otro. La forma como inevitablemente nuestra pareja ve la vida y se comporta cuando está mal anímicamente, e, incluso, los problemas que tenemos desde tiempo atrás, nos parecen más manejables cuando aprendemos a observar cuidadosa y respetuosamente el estado de ánimo de nuestra pareja y a "dejarla tranquila" cuando está baja de ánimo. Con frecuencia, dejar tranquilos a los demás cuando su estado de ánimo no es bueno es suficiente para que salgan de él y recuperen su sentido común y su visión positiva de la vida. Lo que menos desea una persona que está de mal talante es que se le cuestione o se discuta con ella; hacerlo agravará su estado de ánimo, llevándola a sentirse peor. Sin embargo, la mayoría de las personas no le dan a su pareja el espacio que necesita cuando está de mal ánimo y, por el contrario, reaccionan a sus palabras como si fueran un mandato irrevocable; ¡pero no es así! Cuando la persona sale de ese mal estado anímico, suaviza su actitud y reconsidera sus decisiones.

Cuando pongamos en práctica este principio, nos sorprenderemos gratamente ante lo fácil y rápido que se resuelven las situaciones difíciles. La clave es recordar que las palabras y actuaciones de nuestra pareja, al igual que las nuestras, con frecuencia dependen de su estado de ánimo. Cuando comenzamos a captar la verdad que encierra este principio, dejamos de buscar una pareja sustitutiva de la que ya tenemos, pues nos damos cuenta de que cualquier persona que conozcamos, en cualquier lugar del mundo, también tendrá, inevitablemente, su cuota de estados anímicos poco agradables. Cambiar constantemente de pareja, pensando que otra será mejor, produce generalmente gran desilusión, pues no existe una sola persona en el mundo cuyo ánimo sea invariable. Aprendamos a apreciar y a entender a nuestra pareja, y aprendamos a disfrutar más de la compañía de cada persona que conozcamos.

Sin embargo, aunque podamos mostrarnos comprensivos y considerados con los demás cuando se encuentran de mal ánimo, cuando seamos nosotros los que nos encontremos en el mismo estado, debemos dejar de prestar atención a lo que pensamos, pues a pesar de lo urgente que algo parezca, en esas condiciones no es posible ver las cosas en perspectiva. Además, si algo nos parece importante ahora, también nos parecerá así cuando nos sintamos mejor y más tranquilos para manejar la situación. El camino más rápido para recuperar el buen estado de ánimo es concederle poca importancia a la forma como nos sentimos cuando estamos mal, pues lo que nos mantiene así es la cantidad y la calidad de nuestros pensamientos. Aprendiendo a hacer caso omiso de los pensamientos negativos se recuperan fácilmente los sentimientos positivos.

No estoy sugiriendo que solamente nuestros "estados de ánimo altos" sean representativos de la realidad, y que nuestros "estados de ánimo bajos" sean irreales; tanto los unos como los otros tienen justificación. Cuando estamos pasando por un mal estado anímico, nuestra visión de las cosas siempre nos parece razonable; en realidad, no nos es posible verlas de otro modo. La clave, entonces, no es "ver las cosas de otra manera", sino reconocer el estado de ánimo en que nos hallamos y entender que en esas condiciones generamos pensamientos negativos; la misma circunstancia que estamos viviendo en este momento nos parecerá muy diferente mañana, o quizás, incluso, dentro de diez minutos. Si podemos dejar de lado nuestras preocupaciones y esperar con paciencia a que termine el mal momento anímico, nuestro nivel de bienestar mejorará de nuevo. A medida que nuestros sentimientos se vuelvan más importantes para nosotros que los pensamientos, mejorará la calidad de nuestro estado emocional.

NO INTENTE RESOLVER SUS PROBLEMAS CUANDO SE SIENTA MAL ANÍMICAMENTE

¿Cuántas veces se ha dicho usted a sí mismo: "Ése no es mi estilo", o "El que hablaba no pude haber sido yo"? Hay buenas y malas noticias acerca de esta tendencia tan generalizada. La noticia mala es que sí era usted el que hablaba, tal como ha sido en el pasado, y como será siempre en el futuro cuando pierda la perspectiva. La noticia buena es que era usted, pero bajo los efectos de un estado anímico bajo; era su manera negativa de hablar. Si su ánimo hubiera sido mejor, sus circunstancias le habrían parecido completamente diferentes y su comportamiento también habría sido distinto.

Desde un punto de vista práctico, la buena noticia es que de este momento en adelante podremos reconocer un mal estado de ánimo cada vez que lo estemos experimentando. También podremos respetar la influencia de esos estados anímicos y la seguridad con la que vemos el lado oscuro y problemático de toda situación. Por la naturaleza misma de los estados de ánimo, no será posible ver las cosas de manera distinta mientras estemos sumidos en un estado anímico bajo; sin embargo, sí podremos aprender a desconfiar de nosotros mismos y de los pensamientos que tengamos cada vez que nos encontremos así. Si en realidad existe un problema cuando estamos de mal de ánimo, no debemos preocuparnos: el problema todavía estará ahí cuando el nivel de nuestro ánimo haya mejorado, y cuando esto ocurra, estaremos en mejor disposición para manejarlo. No tiene sentido poner atención a nuestros pensamientos mientras nuestro estado de ánimo es bajo; hacerlo sólo nos priva de experimentar los sentimientos positivos de armonía y satisfacción.

RESUELVA SUS PROBLEMAS
CUANDO ESTÉ DE BUEN ÁNIMO

Cuando enfrentamos a alguien que se encuentra mal de ánimo, es fácil prever lo que sucederá: esa persona se pondrá a la defensiva, se mostrará alterada y poco receptiva. Lo mismo nos ocurre a todos; si intentamos resolver un problema o tomar una decisión importante mientras el nivel de nuestro ánimo es bajo, lo más probable es que nos sintamos decepcionados de nosotros mismos y lamentemos en el futuro nuestra conducta.

Cuando nuestro estado anímico está en un nivel bajo, perdemos el acceso a nuestra sabiduría. Lo paradójico de este principio es que, cuando nos hallamos de mal ánimo, es justamente cuando sentimos la necesidad de resolver nuestros problemas y de enfrentarnos a los demás. Esto siempre nos seducirá mientras nos encontremos en un estado anímico tal, pues los estados de ánimo bajos engendran confusión y resentimiento, y nos impulsan a tratar de "ir al fondo de las cosas", a "leer entre líneas lo que dicen los demás", y a "expresar nuestros sentimientos". Pero los sentimientos que experimentamos durante estos episodios no son realmente nuestros verdaderos sentimientos; son los que todo el mundo experimenta cuando está de mal ánimo. Mientras nuestro ánimo sea bajo, los únicos sentimientos que experimentaremos serán negativos; por lo tanto, no tiene sentido confiar en esos sentimientos ni actuar basándonos en ellos. La solución es esperar hasta que mejore el ánimo, lo cual ocurrirá de todas maneras. Cuanto menos atención les prestemos a nuestros pensamientos cuando estamos de mal ánimo, más rápido mejorará éste. En ese momento, y únicamente en ese momento, saldrán a la superficie nuestros sentimientos más sabios.

En consecuencia, si todavía sentimos la urgencia de realizar alguna acción importante, busquemos la manera más apropiada. Si deseamos discutir sobre algún tema que nos está preocupando, el momento de hacerlo será cuando nos sintamos de buen ánimo. El principio de los estados anímicos no nos exige evitar la confrontación . . . excepto cuando el estado de ánimo es bajo. Este principio nos ofrece la manera más fácil, airosa y productiva de enfrentar la vida.

Otro error en cuanto al principio de los estados de ánimo es creer que debemos enfrentarnos a los demás mientras nos encontramos mal anímicamente. Aunque esto puede ser conveniente en ciertos casos, en la mayoría no conviene hacerlo. A veces todo lo que se necesita para poner en perspectiva "el problema" es apartarnos de él unos cuantos minutos. El estado de ánimo es la causa, y no el efecto, de la mayoría de los desacuerdos y problemas.

Recordemos que éste se presenta primero, y que en un estado anímico mejor, la misma situación nos habría parecido completamente distinta.

En las raras ocasiones en que debamos enfrentar a alguien mientras nosotros (o la otra persona) estamos de mal ánimo, lo más importante es reconocer que estamos mal anímicamente y que, en consecuencia, nuestra visión de los hechos es limitada y poco confiable. Comprender esto nos ayudará a ampliar nuestra perspectiva.

Como todo en la vida, disfrutar del funcionamiento psicológico saludable es algo que se logra con la práctica. Cuanto más confiemos en los beneficios que nos reporta el sentimiento de alegría, más fácil nos será conservarlo durante más tiempo. En vez de dedicarnos a analizar las causas de nuestros bajos estados de ánimo, practiquemos hacer caso omiso de ellos y veremos cuán pronto desaparecen. Estos estados constituyen una distorsión de nuestro pensamiento; no obstante, aceptémoslos como parte de la vida, hagamos todo lo posible por hacer caso omiso de ellos, y veremos cómo el funcionamiento psicológico saludable será mucho más frecuente en nuestra vida.

3

❧

El principio de las realidades separadas

No vemos las cosas como son;
las vemos como somos.
— Anaïs Nin

S i usted ha viajado por otros países, habrá notado las inmensas diferencias culturales que existen entre un país y otro. Incluso quienes no han tenido la oportunidad de viajar, probablemente han captado esas diferencias a través del cine, la televisión y los libros. El principio de las realidades separadas establece que las diferencias entre los individuos son tan vastas como las que existen entre las diversas culturas. Así como no esperaríamos que personas de diferentes culturas vieran el mundo como lo vemos nosotros, el principio de las realidades separadas establece que cada individuo ve el mundo a su manera, en virtud de las diferencias que existen entre los sistemas de pensamiento de cada uno. No se trata de "tolerar" las diferencias de comportamiento, sino de entender que las cosas no pueden ser de otra manera.

En los dos capítulos precedentes estudiamos las bases psicológicas del pensamiento y de los estados anímicos, y aprendimos que todos los seres humanos funcionamos de acuerdo con la dinámica de nuestro sistema de pensamiento individual y nuestro estado de ánimo; por eso sabemos que es imposible que dos personas, de la misma o diferente cultura, vean las cosas del mismo modo. Esta regla no tiene excepciones. Cada sistema de pensamiento es único, pues se forma a través de un proceso que depende de la información que recibe. Nuestros padres, nuestros antecedentes, nuestras interpretaciones, la memoria, la percepción selectiva, las circunstancias, los niveles de ánimo . . . son muchos los factores que intervienen en el desarrollo de nuestro sistema individual de pensamiento. Las combinaciones posibles son infinitas y es imposible que se repitan entre individuos.

Entender este principio nos permite prácticamente eliminar los conflictos de nuestras relaciones interpersonales; porque cuando estamos preparados para que cada persona vea las cosas de modo distinto, damos por sentado que los demás también hacen las cosas de manera diferente de como las hacemos nosotros, y entendemos que los que nos rodean no reaccionan al mismo estímulo igual que nosotros, la comprensión con que empezamos a tratarnos a nosotros mismos y a los demás aumenta enormemente. Si, por el contrario, nuestras expectativas son diferentes, aumenta la posibilidad de tener un conflicto. Esto es cierto en pequeña escala, entre dos personas que mantienen algún tipo de relación, o en gran escala, como, por ejemplo, en las relaciones entre naciones; podemos ver ejemplos de este principio en todas partes. Al apartar la atención (el pensamiento) de nuestras expectativas, quedamos libres para experimentar la esencia única de cada persona, lo cual genera en nosotros sentimientos agradables y aumenta al máximo nuestro potencial para establecer buenas relaciones con los demás.

TRATAR DE CAMBIAR A LOS DEMÁS ES UN ESFUERZO INÚTIL

Los problemas que se presentan en las relaciones humanas surgen fundamentalmente por dos motivos: o bien creemos que los demás "ven las cosas" como nosotros las vemos y, por lo tanto, no podemos entender sus reacciones o nos sentimos molestos por ellas; o bien creemos que los demás "deberían" ver las cosas como nosotros las vemos, puesto que pensamos que podemos captar la realidad como verdaderamente es. Cuando entendemos el principio de las realidades separadas, nos liberamos de estos factores desencadenantes de problemas, pues entendemos que los demás no sólo "no deben" ver las cosas de la manera como nosotros las vemos, sino que, de hecho, no pueden hacerlo. La naturaleza de los sistemas individuales de pensamiento no nos permite captar las cosas del mismo modo que otra persona . . . ni permite que los demás las capten exactamente como nosotros. Entender esto nos libera de una idea falsa y nos devuelve el gozo de ser diferentes. Una cosa es decir "en la variedad está el placer", y otra muy distinta creer y entender verdaderamente este concepto. No se trata de forzarnos a pensar así, sino de entender que, desde una perspectiva psicológica, las diferencias entre las personas y sus distintas formas de ver la vida tienen mucho sentido.

Cuando entendemos el concepto de las realidades separadas, comprendemos que no hay razón lógica para tomar como una ofensa personal lo que los demás dicen y hacen. La gente se pasa la vida tratando de probar que su versión personal de las cosas es válida, realista y correcta. Debido a su tendencia a autovalidarse, los sistemas de pensamiento nos ofrecen innumerables ejemplos de esa necesidad de probar que estamos en lo correcto. Sin embargo, cuando entendemos el principio de las realidades separadas, vemos que no sólo es completamente inútil tratar de cambiar a otra persona, sino discutir con ella; pues cuando intervenimos en una discusión, por lo general nuestro interlocutor está tan seguro de tener la razón, que puede incluso llegar a valerse, para probar su posición, de los mismos argumentos que nosotros hemos usado, como en el siguiente ejemplo.

Tomemos el caso de una pareja que ha estado casada durante veinte años. Al marido le parece que la gente es crítica por naturaleza, mientras que a su esposa la gente le parece amable y elogiosa. Durante años han discutido sobre este punto; el marido siempre ha dado gran cantidad de ejemplos para demostrar que la gente es crítica y agresiva, pero por cada ejemplo del marido, la esposa presenta otro ejemplo para probar su propio punto de vista. Ninguno de los dos entiende por qué razón su cónyuge es tan ciego ante los "hechos". Una noche en que están cenando en un restaurante, escuchan que un camarero le dice a otro: "¿Viste el sombrero que tiene puesto la señora de la mesa dos? ¡Uff!" De inmediato la esposa le dice al marido: "¿Te das cuenta? Ahí tienes otro ejemplo de una persona amable y elogiosa. ¿Cuándo aceptarás que la gente trata en lo posible de hacerles cumplidos a los demás?" El marido le lanza a su mujer una mirada de disgusto y le dice: "¿Cumplidos? ¿De qué estás hablando? ¡El hombre se está burlando del sombrero de la pobre mujer!".

Este malentendido se aclara rápidamente cuando comprendemos la dinámica de lo que está ocurriendo. Todo lo que se necesita es aceptar como un hecho que cada uno de nosotros ve la vida desde su propia realidad individual, desde su propia interpretación y su propio marco de referencia. Ninguna persona pone en tela de juicio su propia versión de la realidad, porque para cada cual la suya siempre es verdadera. Dondequiera que miremos, continuamente vemos hechos que ratifican nuestras creencias.

LAS REALIDADES SEPARADAS SON UN HECHO DE LA VIDA

La clave para aceptar y ver la bondad del principio de las realidades separadas es apreciar la total inocencia del proceso. Vemos lo que vemos con base en nuestro condicionamiento y en nuestras creencias (sistemas de pensamiento). La mente interpreta un conjunto de circunstancias basándose en lo que ya conoce o en lo que cree que es verdadero. Debido a que todos traemos del pasado nuestro propio bagaje de conocimientos y creencias, la interpretación que cada uno hace de las diversas situaciones es diferente. Es como si la mente fuera un complejo computador, pues, al igual que éste, la interpretación que hace de los datos depende de la información recibida previamente. Esto es lo que nos ocurre a todos: nuestra mente procesa la información que recibe basándose por completo en los conocimientos ya almacenados. Sencillamente, no hay manera de evitar las realidades separadas, y si no entendemos ni aceptamos este hecho, viviremos en permanente conflicto y podremos llegar hasta a destruir nuestra vida. Mientras que entenderlo y aceptarlo puede convertirse en fuente de sabiduría, de alegría y hasta de humor.

Entender las realidades separadas no significa que debamos renunciar a nuestras más entrañables opiniones y creencias. Las creencias y las opiniones son intrínsecamente neutrales; ellas representan un aspecto de la vida que es fundamental, interesante y enriquecedor. El elemento más importante para la felicidad, la salud mental y la satisfacción personal es la relación que mantengamos con esas creencias y opiniones. ¿Acaso consideramos que nuestra forma de ver la vida constituye la única e indiscutible realidad? ¿O entendemos que nuestras actuales creencias e interpretaciones sobre la vida son resultado de nuestro propio sistema de pensamiento, y que si la información contenida en este sistema de pensamiento fuera diferente, también lo serían nuestras conclusiones? Lo importante no es calificar como acertadas o erróneas ciertas creencias o ideas, sino entender de dónde provienen y aceptar que inevitablemente cada cual ve la vida a su manera, diferente de la manera como la ven los demás. Cuando entendemos el principio de las realidades separadas, seguimos conservando nuestras creencias y opiniones; la diferencia estriba en que nuestras creencias, y las objeciones que alguien pueda tener sobre ellas, dejan de ser fuente de hostilidad y de malestar emocional.

LAS DEFENSAS CAERÁN
Y LOS CORAZONES SE ABRIRÁN

Comprender el principio de las realidades separadas nos acerca, sin duda, a quienes conocemos y amamos, pues al tiempo que nos ayuda a entender a los demás, nos hace mucho más interesantes y accesibles.

Cuando verdaderamente comprendemos que nuestras ideas sobre la vida se originan en nuestro sistema de pensamiento y no representan necesariamente la realidad, las demás personas se sienten atraídas hacia nosotros. Esto sucede porque, como todos tenemos un interés absoluto en ratificar nuestras creencias, a los sistemas de pensamiento (tanto al nuestro como a los de los demás) no les gusta verse amenazados o manipulados. Por eso cuando nos aproximamos a alguien, no tratando de cambiar sus creencias sino respetando auténticamente su perspectiva de la vida e interesándonos por ella, las defensas caen y los corazones se abren. Las personas que aceptan sinceramente el principio de las realidades separadas tienen relaciones más satisfactorias de lo que jamás imaginaron que fuera posible. A menudo establecemos relaciones con personas que creíamos que no nos llegarían a gustar, porque en lugar de sentirnos molestos y enfadados por las diferencias que alguien tiene con nosotros, empezamos a ver a esa persona desde una nueva óptica, carente de prevención. Como resultado, las creencias de las dos personas se vuelven más flexibles, surge el aprecio mutuo y un sentimiento agradable y positivo.

El principio de las realidades separadas se puede representar mediante el siguiente esquema:

Intolerancia...............Tolerancia...............Entendimiento

La mayoría de la gente cree que los problemas entre las personas se presentan en el extremo izquierdo del esquema; y tiene razón. A medida que nos movemos hacia la tolerancia, comenzamos a trabajar en la solución de los problemas. Sin embargo, difícilmente los resolvemos, pues pese a que la "tolerancia" es obviamente más deseable que la "intolerancia", ella representa sólo una pequeña fracción del punto donde tenemos que situarnos si queremos disfrutar de relaciones armoniosas y satisfactorias. Hablar de "tolerancia" hacia los demás y hacia su forma de ser en el mundo indica una forma sutil de superioridad de nuestra posición o de nuestro punto de vista, y gracias a lo que ya conocemos sobre los sistemas de pensamiento y las realidades separadas, sabemos muy bien que nuestras ideas sobre la vida y la forma como se debe vivir no pueden ser superiores a las de ninguna otra persona.

La información que nuestro sistema de pensamiento ha almacenado es tan arbitraria como la de nuestro vecino. Las ideas, creencias, opiniones y reacciones ante la vida que cada uno de nosotros tiene son resultado y función de la información y los estímulos recibidos, lo que también es cierto para quienes ven la vida de manera diametralmente opuesta a la nuestra. Si no entendemos esto, las diferencias entre las personas se pueden convertir para nosotros en una gran fuente de frustración; pero si, por el contrario, entendemos el principio de las realidades separadas, esas mismas diferencias individuales se convertirán en fuente de interés, crecimiento personal e inspiración.

PODEMOS CRECER Y TRANSIGIR

Entender el principio de las realidades separadas tiene inmensas implicaciones prácticas, especialmente cuando las diferencias parecen ser "insuperables". Acercarnos a otra persona con ánimo comprensivo abre canales de crecimiento personal, porque cuando las posiciones distintas de las nuestras no nos parecen inferiores o equivocadas, aceptamos la información nueva sin que nuestro antiguo sistema de pensamiento se encargue de desvirtuarla. Si no comprendemos esto, nuestro sistema de pensamiento "toma las riendas" y nos impide escuchar de verdad. Escuchemos sin formular juicios, y nuestro interlocutor percibirá nuestra buena disposición para escucharlo y el respeto que nos merecen sus opiniones. La consecuencia será una mayor comprensión y flexibilidad de ambas partes, que es la esencia de la colaboración y la transigencia, condiciones que sacan a flote lo mejor de nosotros mismos y de los demás.

Regresemos nuevamente al caso de Julia y sus reflexiones sobre la decisión de sus padres de contratar a una niñera para cuidarla cuando era pequeña. Si Julia no entiende el concepto de las realidades separadas, no nos debe sorprender que esa decisión la haya perturbado tanto; después de todo, es una decisión que riñe con sus creencias sobre lo que debe ser la conducta de los buenos padres. Por lo mucho que cree en sus propios pensamientos, Julia tiene la tendencia a reflexionar largamente sobre ellos, alimentando así sus preocupaciones y causándose más infelicidad. Cuando Julia reflexionó por primera vez sobre la decisión de sus padres, no conocía el principio de las realidades separadas, y era incapaz de entender por qué motivo ellos habían tomado esa decisión. Además, la mortificaban también otras decisiones y opiniones que no se ajustaban a las suyas.

Entender el concepto de las realidades separadas le habría permitido a Julia pensar sobre ese aspecto de su infancia sin irritarse ni formular juicios. Habría comprendido la decisión de sus padres con base en lo que para ellos era lo debido en ese momento, y así no habría calificado su reacción como justa y la decisión de sus padres como equivocada, sino que las habría tomado simplemente como decisiones distintas, basadas en diferentes sistemas de pensamiento. En la relación de Julia con sus padres habrían prevalecido, entonces, el respeto y el amor mutuos, en vez de las dudas y las recriminaciones.

No entender el principio de las realidades separadas puede ocasionar constantes conflictos y frustraciones. La solución es comprender a fondo este concepto y tener la humildad de admitir que no siempre podemos introducirnos en la mente de las otras personas. No importa qué tan fácil u "obvia" nos parezca una situación particular, siempre habrá alguien que la evaluará de otra manera y estará igualmente seguro de su propio punto de vista.

4

❦

El principio de los sentimientos

Un pensamiento es lo único
que nos separa de sentirnos bien.
— Sheila Krystal

Tenemos a nuestro alcance una guía infalible para navegar por la vida. Esta guía, conformada exclusivamente por nuestros sentimientos, nos indica cuándo nos hemos "descarrilado" y nos dirigimos hacia la infelicidad y el conflicto, lejos del funcionamiento psicológico sano. Los sentimientos actúan como un barómetro que nos indica cuál es nuestro clima interno.

Reconocemos que entre nuestros pensamientos y la manera como percibimos la vida existe una poderosa interacción. Cuando pensamos, de inmediato sentimos los efectos de nuestros pensamientos. Sucede en un instante, y la mayoría de las personas ni siquiera nos percatamos de lo que está ocurriendo.

Todos pensamos de una de estas dos formas: o bien habitualmente, a través de nuestro sistema de pensamiento individual, o bien a través del denominado "estado mental natural", que se relaciona con el funcionamiento psicológico sano. Ya hemos analizado los efectos de pensar a través de nuestro sistema de pensamiento; en este capítulo aprenderemos que hay otra posibilidad.

El cuarto principio del funcionamiento psicológico sano establece que nuestros sentimientos nos indican con total precisión cuándo es disfuncional nuestro pensamiento. Cuando no nos estamos dando cuenta de que estamos pensando, el origen de nuestros pensamientos es el sistema de pensamiento, y no el funcionamiento psicológico sano. Así, si no fuera por nuestros sentimientos, no sabríamos cuándo estamos atrapados en nuestro sistema de pensamiento o cuándo estamos mal anímicamente, y viviríamos convencidos de que vemos la vida de manera "realista", incluso en nuestros estados de ánimo más bajos.

Cuando nuestro sistema de pensamiento no nos tiene atrapados, nuestros sentimientos son positivos; nos sentimos satisfechos y contentos con las tareas que estamos realizando, sean cuales sean. En momentos como ésos no parece haber una razón especial para sentirnos bien; simplemente, nos sentimos bien. Experimentamos esos sentimientos profundamente humanos y universales que son propios del estado mental natural: satisfacción, amor y gratitud. En ese estado vemos la vida con claridad, nos sentimos despreocupados y la concentración es fácil; nuestra mente se halla despejada. En ese estado de ánimo podemos hacer cualquier cosa (incluso cosas poco agradables), porque a nuestra mente no la están obstruyendo pensamientos del pasado o del futuro, ni juicios sobre lo que estamos haciendo. Simplemente, enfrentamos aquello que está ante nosotros. Éste es el estado mental del que surgen las ideas novedosas y creativas, y en el que las soluciones a los problemas nos parecen obvias. Cada uno de nosotros tiene acceso a ese estado de ánimo y, cuando estamos disfrutando de él, no necesitamos hacer ajustes mentales; todo fluye con naturalidad.

Cuando nuestra percepción de la vida no es placentera, el sistema de alarma de nuestros sentimientos se dispara como una bandera roja que nos recuerda que nos hemos descarrilado y que nuevamente estamos pensando a través de nuestro viejo sistema de pensamiento. Éste es un aviso de que estamos pensando de manera disfuncional y que es hora de hacer un ajuste mental.

Nuestros sentimientos son para nuestra salud mental lo que las luces de alarma son para nuestros automóviles. Unos y otras nos indican que es hora de detenernos. Si viajamos en automóvil, debemos desacelerar y detenernos al borde de la carretera. De la misma manera, cuando nos sentimos descontentos necesitamos aclarar la mente y detener lo que estamos pensando, lo cual nos regresa a un estado emocional positivo. Deshagámonos temporalmente de los pensamientos que proceden de un marco de referencia habitual y distorsionado. Como hemos aprendido, desechar o dejar de escuchar los pensamientos inquietantes no significa pretender que las cosas no nos preocupan o que no necesitan mejorar. Sin embargo, del pensamiento disfuncional nunca se derivan buenas soluciones o ideas nuevas; éstas únicamente pueden provenir de un estado anímico positivo en que la vida nos parece fácil. Para tener acceso a la salud mental y poderla conservar, necesitamos empezar a dudar de la validez de nuestro sistema de pensamiento. Decidamos, de una vez por todas, que los sentimientos negativos no merecen ser albergados ni defendidos.

La única utilidad de los sentimientos negativos es que nos avisan cuándo estamos viendo la vida de un modo distorsionado. Esta idea es ampliamente debatida por las corrientes psicológicas actuales. Muchos, si no la mayoría de los psicólogos, comparten la creencia de que hacernos más conscientes de nuestros sentimientos (cualesquiera que sean), y después expresarlos, es prueba de madurez emocional. Pero nada podría estar más alejado de la verdad. Si nuestro estado de ánimo es la fuente de nuestra experiencia y no el resultado de ésta, cuando estamos sintiéndonos mal anímicamente producimos pensamientos negativos todo el tiempo. Si nos sentimos mal y un psicólogo (o cualquier otra persona) nos pregunta: "¿Cómo se siente?", lo que en realidad está haciendo es pedirnos que le expliquemos cómo vemos la vida mientras nos encontramos en tal estado de ánimo. Cuando nuestro estado anímico mejore, la descripción de los mismos acontecimientos será totalmente diferente. El único mérito de un mal estado anímico es que nos recuerda que estamos pensando disfuncionalmente y que no debemos escucharnos ni confiar seriamente en nosotros mismos mientras nos hallemos en esas condiciones.

DESCONFÍE DE SUS SENTIMIENTOS CUANDO ESTÉ DE MAL ÁNIMO

Es importante recordar que cuando estamos mal anímicamente tendemos a confiar en nuestros pensamientos y a encontrar razones para explicar "por qué" nos sentimos de ese modo. Sin embargo, cuando estamos mal de ánimo nuestros pensamientos se distorsionan y, debido a que nuestros sentimientos proceden directamente de los pensamientos, también los sentimientos se distorsionan. Los sentimientos desagradables nos indican con exactitud cuándo estamos pensando con base en nuestro viejo sistema de hábitos y creencias, que, como "grabaciones", nos "da vueltas" en la cabeza.

La capacidad que tienen los sentimientos para guiarnos en la vida funciona a la perfección todo el tiempo. Confiemos en ellos. No importa que nos sintamos estresados, agobiados, enfadados, amargados, deprimidos, solos, frustrados, celosos o ansiosos; estos sentimientos, al igual que muchos otros, sirven para avisarnos que estamos mirando la vida a través del sistema de pensamiento, y no a través de nuestro estado mental natural. Si seguimos pensando de ese modo, no encontraremos ninguna respuesta.

Cuando se enciende una luz de alarma en nuestro automóvil, lo esencial no es averiguar por qué se encendió, sino el hecho de que se encendió. Lo que debemos hacer es salirnos de la carretera y apagar el motor. La forma como funcionan nuestros sentimientos es similar: cada vez que sentimos ira, celos, resentimiento, codicia, depresión, o que de algún modo nos sentimos desdichados, necesitamos entender que es nuestro sistema de pensamiento el que está produciendo esos sentimientos, los cuales no son, por tanto, "naturales", exactos o representativos de la realidad.

EL FUNCIONAMIENTO PSICOLÓGICO SANO

El funcionamiento psicológico sano no tiene nada de mágico o misterioso: está presente, sin excepción, cuando no estamos atrapados por nuestro sistema habitual de pensamiento. El funcionamiento psicológico sano es el sentimiento que experimentamos cuando hay poco (si es que hay algo) en nuestra mente: un estado emocional positivo que se presenta sin razón aparente. Los niños experimentan ese estado anímico a menudo, porque ven la vida de manera sencilla y sin pensamientos negativos. Además, ellos tienen la capacidad de recuperar fácilmente el estado natural de felicidad cuando pasan por estados de negatividad o frustración.

Desde niños, todos hemos experimentado incontables veces el funcionamiento psicológico sano. Quizás nos sentimos así de bien mientras descansábamos frente a la chimenea, o mientras dábamos un paseo, o cuando contemplábamos un bello atardecer. El funcionamiento psicológico saludable está presente siempre que nos sentimos de maravilla sin un motivo particular. Lo importante es saber que lo que nos produjo ese agradable sentimiento no fue la chimenea ni la actividad a la que estábamos dedicados, sino nuestra actitud de descansar temporalmente, despejar nuestra mente de preocupaciones y, simplemente, dedicarnos unos momentos a disfrutar de la vida. Si creemos que necesitamos una chimenea o una actividad particular para aclarar nuestra mente, solamente podremos relajarnos y sentirnos satisfechos bajo ciertas circunstancias. Pero una vez que hayamos comprendido que lo que produce ese sentimiento positivo no es la chimenea ni el atardecer, sino nosotros mismos, podremos despejar nuestra mente cada vez que lo deseemos. Con la práctica será cada vez más fácil.

EL FUNCIONAMIENTO PSICOLÓGICO SANO NO DEPENDE DE NUESTRAS CIRCUNSTANCIAS

Todos tenemos acceso al funcionamiento psicológico sano cada vez que lo deseamos, cuando comprendemos que éste es independiente de nuestras circunstancias. Saber esto nos permite sentirnos bien incluso cuando las cosas "no marchan bien". Siempre y cuando que nuestra mente no esté concentrada en las preocupaciones, permaneceremos en un estado de sano funcionamiento psicológico y conservaremos esa sensación de bienestar. Estas condiciones anímicas nos permitirán, además, manejar adecuadamente cualquier aspecto de nuestra vida. Pero en el momento en que nuestra mente retome el sistema de pensamiento habitual (que nos recordará nuestras inquietudes), perderemos la sensación de bienestar y volveremos a ver la vida como una serie de problemas que debemos solucionar.

Los sentimientos que experimentamos son el barómetro que nos indica si estamos viviendo basados en nuestro "sistema de pensamiento" o en nuestro "estado mental natural". Si nos sentimos deprimidos, enojados o frustrados, esos sentimientos nos están señalando que nuestro pensamiento es disfuncional y que no estamos viviendo como podríamos vivir. Apartémonos de aquello que estemos pensando, dejemos de lado la "estática" y hagamos los ajustes mentales necesarios para despejar nuestra mente. Cambiemos los mandos del elemento computador al elemento transmisor; es decir, del sistema de pensamiento al funcionamiento psicológico saludable.

UNA VISITA FINAL A JULIA

Regresemos una vez más al caso de Julia y sus reflexiones sobre la decisión de sus padres de contratara una niñera para cuidarla cuando era niña. Debido a que Julia no comprendía el verdadero propósito de sus sentimientos, inocentemente creía que, como se sentía mal, pensar "por qué" se sentía así debía de tener algún valor. Creía que sus pensamientos le estaban transmitiendo la "verdad" sobre sus padres. A medida que profundizaba en sus reflexiones, se iba sintiendo cada vez peor, hasta que se convenció de que sus sentimientos negativos eran justificados y de que tenía derecho a estar furiosa.

Si Julia hubiera entendido el verdadero propósito de sus sentimientos, los habría tomado como una señal de alarma. Su resentimiento y su ira habrían cesado, pues se habría dado cuenta de que estaba pensando de la manera acostumbrada (disfuncional), lo cual la estaba llevando directamente a la infelicidad. Entonces, habría apartado de su mente lo que estaba pensando, o habría tomado la sabia decisión de prestarse menos atención a sí misma, a fin de volver a sentirse anímicamente bien. Sólo así, en un buen estado de ánimo, habría podido seguir reflexionando sin correr el riesgo de arruinar su día (o su semana) o de dañar la relación con sus padres.

Cada vez que experimentamos la vida de acuerdo con nuestro estado mental natural, nos sentimos contentos. Podemos sentirnos así, independientemente de lo que esté ocurriendo a nuestro alrededor, incluso aunque estemos de duelo por la pérdida de un ser querido. Cuando logramos un funcionamiento mental saludable, los estados emocionalmente dolorosos se experimentan de manera distinta: siguen siendo dolorosos, pero incluyen una gratitud auténtica por haber tenido la suerte de conocer a la persona que perdimos. Esto funcionó perfectamente para mí, cuando uno de mis mejores amigos murió trágicamente, arrollado por un conductor ebrio cuando iba en camino para asistir a mi boda. En vez de pensar en él con tristeza, pude aclarar mi mente y sentir una inmensa gratitud por haber tenido un amigo tan excepcional. En vez de sentir lástima por mí mismo o por la familia de mi amigo, empezaron a surgir recuerdos amables de nuestro pasado juntos. No me dejé vencer por la tristeza y así pude seguir adelante.

Cuando incorporemos estos principios a nuestra vida, seguiremos experimentando todos los sentimientos tiernos y naturales del pasado, porque las emociones que cambiarán son las que inmovilizan nuestra vida; es decir, las que nos impiden vivir de la manera vital y significativa de que somos capaces. Lo que cambiará será nuestra relación con nuestras propias emociones: en lugar de sentirnos abrumados por ellas, las viviremos con una nueva comprensión. Es natural sentirnos profundamente tristes en ciertos momentos, como cuando perdemos a un ser querido; pero lograr un funcionamiento mental sano nos permite superar las emociones difíciles con compasión por nosotros mismos y entendiendo lo que está sucediendo en nuestro interior. Utilicemos el principio de los sentimientos como un instrumento de navegación que nos ayude a sanar y nos guíe de regreso al punto donde queremos estar.

Así, pues, ¿qué debemos hacer cuando sentimos ira, depresión o ansiedad? ¿Cómo podemos dejar de sentir estas emociones y recuperar el estado de sano funcionamiento mental? Captemos la verdad que encierra el principio de los sentimientos y confiemos en él. Cuando conocemos el origen de nuestros sentimientos negativos — nuestro esquema habitual de pensamiento — deja de ser necesario defenderlos o aferrarse a ellos. ¿Cómo podemos defender algo que sabemos que es arbitrario? Los sentimientos negativos desaparecen pronto si los dejamos tranquilos. Ellos son producto de nuestros pensamientos, y concentrarnos en ellos o analizarlos sólo aumenta y profundiza la experiencia negativa.

Por otra parte, a medida que aumentan nuestro conocimiento y nuestra experiencia del funcionamiento psicológico sano, empezamos a captar que no debemos recurrir a nuestro sistema de pensamiento para resolver los asuntos importantes. La sabiduría y el sentido común son resultado de un estado emocional más positivo, que proviene de una mente serena y relajada. Cuando nos sentimos bien, estamos mejor equipados para resolver cualquier problema que pueda surgir.

Así, cuando comprendamos dónde se origina ese estado emocional positivo y dejemos de creer que los sentimientos negativos constituyen un medio viable para resolver los problemas y lograr la felicidad, nos orientaremos de manera natural hacia el funcionamiento psicológico sano y empezaremos a descalificar cada vez más nuestros sentimientos negativos. Al hacerlo, notaremos que logramos alejarnos cada vez más rápidamente de esos estados anímicos nocivos y que los sentimientos negativos que experimentamos duran menos y son menos intensos que antes.

Una vez que hayamos comprendido la dinámica del funcionamiento psicológico saludable, dejaremos de caer en la tentación de reflexionar permanentemente sobre la felicidad y el camino que conduce a ella. La felicidad ya está dentro de nosotros, pero se halla oculta detrás de nuestros pensamientos negativos, de nuestra "estática" mental. En vez de tratar de descubrir cuál es la ruta que conduce a la felicidad, simplemente dejemos de pensar en todo aquello que nos preocupa o enfada, y dediquémosle nuestra atención a alguna cosa que suscite en nosotros ese estado natural en el que predominan los sentimientos positivos. Esto no significa que debamos aparentar que los problemas no nos preocupan; sólo significa que entendemos de dónde provienen nuestros sentimientos, tanto los positivos como los negativos.

Entender el origen de nuestros sentimientos nos permite utilizarlos como la guía que en realidad son. Si nuestra experiencia interna de la vida no es placentera, sabremos que somos nosotros mismos quienes estamos creando nuestra propia infelicidad a través de nuestro sistema de pensamiento. Sabremos reconocer y valorar las opciones en nuestro favor: hacer el cambio mental que nos permita dejar de lado las preocupaciones, abandonar nuestra forma de pensar "habitual" y recuperar nuestro estado natural de bienestar.

5

✧

El principio del momento presente

Se ha dicho mucho sobre el vivir en el momento presente. A través de la historia prácticamente todos los maestros espirituales han sugerido esta solución. De hecho, puede que éste sea uno de los consejos más sabios y venerables para vivir con mayor felicidad. No obstante, parece que muy pocas personas son capaces para implementar este principio fundamental en su vida cotidiana a pesar de todo el énfasis que se le dedica. Creo que este concepto aparentemente sencillo nos elude debido a que la mente de una persona inexperta es como la de un cachorro — se va por otra parte ¡sin darse cuenta de lo que está haciendo! Y en un santiamén el cachorro se nos escapa (al igual que nuestros pensamientos).

De los cinco principios presentados en este libro, éste es el que los terapeutas más comúnmente dejan de compartir con sus clientes. Después de todo la mayor parte de la terapia se dedica a la discusión de la niñez y de otros aspectos de su pasado. Y como es cierto que entender nuestro pasado a veces puede servir para aclararnos algo en la vida actual, lo más común es que esta técnica se hace excesivamente. Clavar nuestra atención en el pasado (o el futuro) puede volverse un vicio muy difícil de vencer. Muchos terapeutas, sin darse cuenta de lo que hacen y por cierto sin motivo nocivo intencional, hasta les aconsejan a sus clientes que vivan en el pasado (o el futuro). Los que tienen experiencia con la terapia conocen indudablemente la práctica de animar al cliente a que vuelva a experimentar su pasado. Los terapeutas — a veces con demasiada insistencia — dirigen al cliente a que se centre en su pasado, pensando en él y discutiéndolo en todos sus pormenores. Y esto se hace en lugar de enseñarle al cliente cómo volver la atención al momento presente, al aquí y ahora — la única manera de experimentar verdadera felicidad. Más allá del enfoque hacia el pasado, se le aconseja al cliente que vuelva a despertar sus pensamientos negativos del pasado y que reviva los sentimientos negativos que los acompañan.

En el primer capítulo investigamos la relación entre pensamiento y sentimiento — la idea de que todo sentimiento negativo es el resultado directo de un pensamiento. De ahí que es extremadamente dudoso que sea de provecho pasar gran parte de su tiempo pensando en el pasado, intencionalmente o no. Hacerlo garantiza que habrá muchos sentimientos negativos, lo cual refuerza el hecho de que sí hay por qué preocuparnos, justificando así nuestro negativismo y nuestro sentido de ser la víctima. El remover ese negativismo solidifica los vínculos con nuestro habitual sistema y manera de pensar, y disminuye enormemente nuestra capacidad para acceder a nuestra experiencia y sabiduría. Cuando nuestra atención queda fincada en el pasado o el futuro, es de esperar que la calidad de nuestra vida desmejore en vez de mejorar.

Por otra parte cuando nos centramos principalmente en el momento presente, la mayor parte de nuestra experiencia viene de nuestra sabiduría más bien que de nuestra reacción. Aunque nos sentimos contentos cuando vivimos en el momento presente, no reprimimos ni negamos nada que sea realmente pertinente. Flotarán a la superficie en el momento debido todas las memorias y los pensamientos indispensables (incluso los dolorosos) para que crezcamos como personas: eso sí, cuando estemos capacitados para manejarlos y tengamos los recursos internos para saber qué hacer con la información recibida. La sabiduría es como un monitor interno para las emociones. Nos ayuda a orientarnos y a mantenerlo todo en perspectiva. Nos dirige hacia la felicidad sin animarnos a fingir que las cosas sean diferentes de lo que realmente son. La sabiduría permite que haya negatividad, pero sólo y cuando que sea necesario y apropiado que la haya — lo cual difiere enormemente de la negatividad generada típicamente en una sesión de terapia.

Aprender a vivir en el momento presente es la única manera de experimentar la dicha, satisfacción y felicidad genuina y duradera. A pesar de las experiencias que hayamos tenido, de los detalles de nuestras circunstancias actuales, de lo mucho que analicemos nuestro pasado o hagamos especulaciones sobre nuestro futuro, no podremos nunca ser felices hasta que aprendamos a vivir en el momento presente. Una mente que se aleja del momento presente es un campo fértil para la semilla de preocupación, ansiedad, arrepentimiento y culpabilidad. Esto no quiere decir que no se nos permita nunca pasar algunos momentos de nuestra vida enfocados en un momento que no sea el presente; más bien sirve de recuerdo que es importante hacerlo mucho más de lo que solemos.

El Dr. Wayne Dyer, quien con tanta amabilidad escribió el prólogo de este libro, demuestra con un relato potente y maravilloso la importancia de vivir en el momento presente. Sugiere que nos imaginemos en un barco sobre el mar, y que nos hagamos tres preguntas importantes. La primera: ¿Qué es la estela? Es, por supuesto, el rastro que deja tras sí nuestro barco al avanzar por el agua. La segunda: ¿Qué propulsa el barco? La respuesta, claro, es que lo propulsa la energía del momento presente — no la de ayer ni la de mañana, sino la que se está generando en el momento actual. Y la última: ¿Es posible que la estela propulse el barco? La respuesta obvia es ¡un no terminante! La estela es impotente. Fue creada por energía en el pasado, y carece de energía en este momento. No percibimos más que el rastro.

La aplicación de este relato a nuestra vida es relativamente fácil, pero tiene mucha importancia si deseamos entender la búsqueda de nuestros sueños y de nuestra felicidad. Muchas personas viven como si el pasado fuera la fuerza motriz de su vida. La verdad, sin embargo, es que el pasado, al igual que la estela del barco, es impotente. Es innegable que en la niñez se han presentado muchas circunstancias y muchos retos, y que los hemos afrontado. De igual manera no hay duda de que todo lo que nos haya ocurrido en el pasado contribuye a nuestra manera de percibir la vida actual. Pero la relativa importancia de nuestro pasado no pasa de allí. La existencia actual de todo nuestro pasado se limita a nada más que los pensamientos que tengamos sobre él — ni más ni menos. En realidad nuestro pasado se compone de puro pensamiento, pura memoria. Esto no desvalora nuestro pasado, ni sugiere que debamos negar que ocurrió tal como pasó. Ver el pasado como nada más que una memoria inofensiva nos permite mantenernos enfocados en el momento presente, liberándonos así de la compulsión de seguir el flujo de cada pensamiento que irrumpe en nuestra consciencia. Cuando nos demos cuenta de la verdadera naturaleza de la memoria — simples pensamientos inofensivos que pasan por la mente — y no una realidad actual potencialmente enemiga que requiere nuestra atención analítica, será mucho más fácil desechar el sinnúmero de pensamientos habidos y por haber que pasan por nuestra consciencia todos los días.

Como sugerí en el Principio del Pensamiento, entender la naturaleza inofensiva de nuestro pensamiento nos recuerda que los pensamientos no se nos ocurren, sino que los creamos activamente, desde adentro hacia afuera. Cuando veamos que en cualquier momento la capacidad de pensar puede trabajar tanto a nuestro favor como en contra de nosotros, nuestros pensamientos serán menos capaces de causarnos miedo o molestia. Será más fácil mantenerlos en perspectiva. A medida que los pensamientos irrumpen en la consciencia, tendremos dos opciones: analizarlos y responderles, o simplemente desecharlos. A nosotros nos toca decidir cuál. Cuando nos autoricemos de esta manera, seremos menos reaccionarios y nos será por consiguiente mucho más fácil mantenernos en el momento presente. Nuestra mente dejará de ver los pormenores de nuestros pensamientos como si se encontraran en la noticias de primera plana.

Cuando los pensamientos están alejados del momento presente, ya sea porque remontan hacia algo que ocurrió en nuestra niñez o a algo que ocurrió hoy por la mañana, estamos recreando nuestro pasado por medio de los pensamientos. Con tal de que estemos perfectamente conscientes de que somos nosotros, los pensadores, quienes producimos nuestros pensamientos, podemos evitar los sentimientos de tristeza, ira o de ser la víctima por la sencilla técnica de enfocar nuestra atención en el momento presente. No pensaremos, como muchos, que por el mero hecho de haber surgido un pensamiento tenga una importante razón de ser o que, como se nos ha ocurrido pensarlo, estemos obligados a aferrarnos a él. Al contrario recordaremos que los pensamientos del pasado sólo son memorias temporalmente activadas. Y las memorias, como los sueños, no son más que pensamientos que pasan fugazmente por la mente. No hay por qué preocuparnos por ellas.

La única manera en que un pensamiento o una serie de pensamientos nos puede hacer daño es si les hacemos mucho caso. Si nos negamos, los pensamientos quedan impotentes y no nos pueden dañar. Siempre y cuando recordemos que los pensamientos no nos pueden hacer daño sin que les concedemos ese poder, estaremos en control de nuestra vida. En vez de tomarnos por víctimas abatidas por los pensamientos que fluyen por nuestra mente, podremos mantenerlos en perspectiva. Al irrumpir los pensamientos en nuestra consciencia, decidiremos si vale la pena hacerles caso, cederles cierta importancia y reaccionar debidamente, o si debemos sencillamente desecharlos y seguir nuestra rutina cotidiana.

Los efectos nocivos de los pensamientos sólo se dan cuando olvidamos que ellos no son más que el producto de una función de nuestra consciencia — un don que tenemos los seres humanos — y esta función no le debemos dar más importancia de la que merece. Teniendo en cuenta esta perla de nuestra sabiduría, comprendemos que lo que determina cómo nos sentimos son nuestros pensamientos y no nuestras circunstancias. Desvanecido el miedo de que no nos queda más remedio que enfocar toda nuestra atención en nuestros pensamientos, nos damos la confianza para vivir en el momento presente. Habrá otros quienes hayan experimentado circunstancias esencialmente idénticas a las nuestras, y ellos serán deprimidos y resentirán su situación, mientras que nosotros nos sentimos más bien contentos. Queda claro que la diferencia no reside en cuál está en la mejor circunstancia, sino que se determinará basándose en cuál entiende mejor la naturaleza de los pensamientos y los toma con toda calma.

Al entender así nuestro pensamiento, podemos vivir mayor parte de nuestra vida en el momento presente porque nos preocupamos cada vez menos por los pensamientos. Cuando nuestro pensamiento se encamina hacia la ansiedad y la preocupación — o bien regresa al doloroso pasado de arrepentimiento — podemos tomar los mandos de la mente y hacerle unos pequeños ajustes, sugiriéndonos que pensemos más bien en el presente. Quizá nos digamos — ¡Ay, mira cómo insistes!, o algo parecido que nos ayude a mantener en perspectiva nuestro pensamiento, recordándonos que hace falta llegar a enfocarnos en el momento presente para así recobrar el sentido de felicidad.

En el Principio de los Sentimientos aprendimos que éstos nos indican, con certeza absoluta, cuando nuestro pensamiento es disfuncional o cuando nos afecta negativamente, De igual modo nuestros sentimientos son de mucho provecho para detectar cuando nuestra mente se ha extraviado del momento presente. Por ejemplo es probable que nuestro pensamiento no está enfocado en el presente cuando nosotros estamos perturbados, enojados o frustrados. La próxima vez que nos sentimos estresados o frustrados, echemos un buen vistazo donde se hallan nuestros pensamientos.

Es casi cierto que estaremos pensando en todo lo que tenemos que hacer en el futuro, o bien en todo lo que ya hicimos esa mañana, o en algo desagradable que acaba de pasar o que tal vez pasará mañana. Es raro que una persona agitada pueda mantenerse enfocada en el momento presente. Las más de las veces el momento presente es bastante tranquilo. Para profundizar un poco más en este asunto, hagamos el ejercicio siguiente:

Por un momento deje de leer, y limítese a observar dónde está y qué está haciendo. Está leyendo un libro que Ud. optó por leer. Se encuentra sentado o acostado. Con alguna suerte se siente cómodo. Ahora bien, sin buscar por el momento lo que no está bien ni lo que todavía le hace falta, permítase imaginar su vida en este momento presente. Usted está simplemente donde está, leyendo.

Ahora observe lo que pasa cuando se permite pensar en todo lo que le queda por hacer hoy y mañana. Mire bien lo que ocurre cuando se deja pensar en algunos problemas y complicaciones. Póngase a pensar en unos asuntos de mucha gravedad. Ya notará que el estado de tranquilidad de su mente ha sido trastornado por sus propios pensamientos. Mientras más sigue pensando en inquietudes y preocupaciones futuras o pasadas, más se sentirá agitado y frustrado.

El pequeño ejercicio anterior sirve para recordarnos lo potentes que son nuestros pensamientos. Ellos pueden llevarnos casi instantáneamente desde un estado de tranquilidad en el momento presente a un estado de trastorno, sin que nada realmente cambie. La solución de este sabotaje mental queda en hacernos conscientes del continuo fluir de nuestros pensamientos, adelante hacia problemas, fechas de vencimiento, y otros asuntos, y atrás para sufrir repetidamente las viejas penas y frustraciones. No hay que fingir que los problemas no existan o no hayan existido — lo único que hace falta es que estemos conscientes de que nuestro pensamiento funciona según esta dinámica. ¡Hagámonos conscientes! Entonces recordaremos volver a guiar nuestros pensamientos hacia el presente cuando nos damos cuenta que estamos enredados en nuestros problemas. Pronto comprenderemos que una gran parte de la vida — la parte que reside fuera del momento presente — no es más que el producto de nuestra imaginación y nuestros pensamiento. Aprender a vivir en el momento presente se asemeja a la primera vez que nos sentamos al volante del automóvil. De repente nos encontramos al mando, responsables de donde nos llevará el auto. Poco a poco aprenderemos a vivir cada vez más en el momento presente, y podremos decidir, de un momento a otro, cómo será nuestra experiencia en la vida.

Tomemos en cuenta nuestros sentimientos. Están para servirnos; y son nuestros amigos. Cuando no nos sentimos del todo bien, notémoslo. Miremos tranquilamente sobre nuestro pensamiento. ¿Dónde está? Si nos damos cuenta de que nuestros pensamientos se han extraviado del aquí y ahora, no debemos ser demasiado severos con nosotros mismos, ni debemos perdernos en los detalles de nuestros pensamientos (¡parálisis de análisis!). Simplemente enfoquemos nuestras atención en el momento presente. No permitamos que nuestros pensamientos nos aparten de la felicidad.

No dudo que usted ya empieza a comprender la interrelación entre los cinco principios. Se entretejen como un hermoso tapiz para así explicar la dinámica mental de la felicidad. El entendimiento de los estados de ánimo, por ejemplo, hace un papel indispensable en cómo aprendemos a vivir en el momento presente. Una de las razones clave por la cual nos resulta difícil mantenernos en el momento presente es que no nos damos cuenta del poder de nuestros estados de ánimo, ni sabemos responder cuando éstos están bajos. Como mencioné anteriormente, si creemos lo que pensamos cuando nuestro estado anímico está bajo, el miedo y la inquietud crecerán de tal modo que impedirán que sigamos enfocados en el momento presente. Los estados de ánimo bajos siempre resultan en pensamiento negativo e inseguro. En estado bajo de ánimo sentimos una necesidad urgente de escaparnos de lo que estamos sintiendo. Sugerí que el modo más eficaz de manejar los estados de ánimo bajos consiste en desvalorarlos e ignorarlos — ponerlos de lado — hasta que nos sintamos mejor. Esto no es negación. Si tenemos alguna situación legítima que afrontar cuando nuestro estado de ánimo está bajo, lo cierto es que esa situación seguirá en vigor cuando nos sintamos mejor. Pero estaremos mucho mejor capacitados para resolverla. Armados de nuestra sabiduría, la vida siempre nos parecerá más fácil. Nuestra vida (y la de todos los demás) siempre nos parecerá seria, urgente y llena de problemas cuando nos sintamos deprimidos. Esto es inevitable, y debemos estar preparados para efectuar pequeños ajustes mentales, tales como ignorar, desechar y desvalorar nuestros pensamientos durante estos episodios bajos.

Lo más común es que la mayoría de nosotros caemos presa de una tendencia insidiosa: tratamos de comprender nuestra situación y resolver nuestros problemas cuando estamos en un estado de ánimo bajo o malo. Para comprender y resolver problemas, es forzoso alejarse del momento presente y darse al pensamiento, preguntándose "¿Qué voy a hacer?" Esto nos lleva a enfocarnos o en el pasado o en el futuro. Y, naturalmente, mientras más nos entregamos a nuestros pensamientos, más nos dejamos apartar del momento presente.

Uno de los secretos más seguros para la felicidad consiste en aprender a relajarnos cuando nos sentimos abatidos o estresados — para realizarlo hay que confiar que el episodio bajo y los sentimientos que lo acompañan desaparecerán solos si no hacemos nada. Nuestra reacción a la urgencia de nuestra situación basta para mantener en vigor el estrés. Por consiguiente la solución lógica consiste en ignorar o desechar los pensamientos que tenemos cuando estamos en estado de ánimo bajo.

Para la persona feliz, la fórmula para la felicidad es bastante sencilla: a pesar de lo que haya pasado el año pasado, la semana pasada o bien temprano esta mañana misma — o lo que vaya a ocurrir esta tarde, mañana o dentro de tres años — la felicidad se halla ahora mismo en el momento presente. Las personas felices reconocen que la vida no es más que una serie de momentos presentes que experimentan, uno tras otro. Entienden y aprecian el pasado porque les enseñó mucho sobre cómo vivir en el momento presente; por extensión consideran que el futuro es la continuación de la serie de momentos presentes que quedan por experimentar. Principalmente las personas felices comprenden que ahora mismo, este momento actual, es donde la vida realmente se vive.

Otra fórmula relacionada para el éxito: Cuando enfoquemos muestra atención en este momento, en vez de enfocarla en los momentos pasados o los momentos venideros, aumentaremos al máximo nuestra productividad, creatividad y también nuestra habilidad de lograr nuestras metas. Una superabundancia de pensamientos centrados en el futuro o en el pasado nublan la vista y nos distraen de la tarea entre manos. Mientras más nos centramos en el momento presente, más fácil nos resultará quedarnos bien encarrilados, enfocarnos, concentrarnos y lograr nuestras metas.

En pocas palabras, una mente sin distracciones está mejor capacitada para tomar decisiones apropiadas.

Dijo Thoreau, "Ante todo, no podemos dejar de vivir en el presente. Bendito sobre todos los mortales el que no pierde ni un momento de esta vida pasajera recordando el pasado." Estoy totalmente de acuerdo. Creo que usted verá que es bastante fácil dominar este principio. Sólo hay que dedicarle un poco de práctica. Comience hoy mismo, examinando con cuidado sus pensamientos para determinar su enfoque. ¿Está Ud. completamente entregado a lo que está haciendo ahora mismo? ¿O será que sus pensamientos se han dirigido hacia el pasado o el futuro? No se sorprenda si encuentra que sus pensamientos se van de paseo docenas o hasta centenas de veces al día. No se preocupe. Dentro de poco este número disminuirá considerablemente. Descubrirá un sentido de bienestar y satisfacción cuando esté totalmente entregado a vivir en el momento presente. Y esta reafirmación positiva le dará la confianza para seguir esta práctica.

Un breve resumen

❧

Lo que debemos recordar acerca de los cinco principios: pensamiento, estados de ánimo, realidades separadas, sentimientos, y el presente, no son los principios en sí mismos, sino la dirección que nos señalan. Estos principios nos inducen a dejar de pensar obsesivamente acerca de los problemas y la gente, y nos guían hacia un lugar interior más tranquilo, hacia un sentimiento más plácido. No nos instan a "no pensar", sino a recordar que pensar es una función que se origina en nuestro interior.

Gracias a este conocimiento, podemos cultivar una relación sana con nuestros pensamientos: una relación que nos permita pensar sin temor a sentirnos perturbados o abrumados por lo que pensamos. Estos principios nos hacen más compasivos con nosotros mismos y con los demás, porque nos hacen entender la naturaleza del proceso que se desarrolla en nuestro interior. Nos enseñan que todos funcionamos de la misma manera, y que por eso podemos ser más tolerantes. Estos principios son como una guía que nos conduce hacia un sentimiento más positivo: el amor.

Los cinco principios nos recuerdan que, cuando estamos pensando en algo que nos altera, podemos retirar nuestra atención de ese foco de preocupación y centrarla en algo que nos produzca un sentimiento de tranquilidad. Este sentimiento más agradable no proviene de haber pensado a fondo en los detalles de un problema hasta llegar a una conclusión, sino directamente de lo que denominamos el funcionamiento psicológico sano. Se trata del sentimiento de serenidad y alegría que experimentamos cuando pensamos con una mente descansada, y no mediante nuestro sistema individual de pensamiento y nuestro marco de referencia habitual. Cuando estamos funcionando de una manera sana desde el punto de vista psicológico, no sólo nos sentimos bien, sino que generamos ideas nuevas sobre la vida y soluciones creativas para los problemas.

En la siguiente sección, trataremos acerca de la manera como los cuatro principios se pueden aplicar a los aspectos de la vida que con mayor frecuencia se consideran intrínsecamente difíciles. Y recordemos: una vez que comprendamos el funcionamiento psicológico saludable, nos moveremos por la vida con mayor facilidad, con alegría y agradecimiento.

PARTE II

✣

La aplicación de los principios

6

❦

Las relaciones

Mi amigo es alguien que al conocerme,
me acepta tal como soy.
— Henry David Thoreau

Para muchas personas, las relaciones con los demás son difíciles. No obstante, cuando entendemos la naturaleza de las relaciones humanas y la forma como los cinco principios intervienen en ellas, nuestro contacto con los demás deja de ser un problema y empieza a reportarnos mayores satisfacciones.

Toda relación comienza con nosotros mismos. Cuando logramos mantener en nuestro interior un sentimiento positivo, les abrimos la puerta al respeto mutuo, a la comunicación sincera y a un verdadero sentido del amor. Cuando nuestra vida está llena de alegría, nos queda un poco para compartir con otras personas.

Cuando nos sentimos buenos, no necesitamos ser críticos ni defensivos pues no nos sentimos amenazados por los demás.

Todas las personas con quienes entramos en contacto están tratando de hacer lo mejor que pueden con su vida. Nadie se levanta por la mañana con la intención de arruinarnos el día (excepto, quizás, personas demasiado perturbadas). La gente trata sinceramente de hacer lo mejor para que su propia vida y la de los demás marchen bien. La mayoría de las personas, en particular aquéllas con quienes mantenemos más estrechas relaciones, acogerían con beneplácito la oportunidad de contribuir a que nuestra vida tuviera más sosiego.

Desde el punto de vista psicológico, todo el mundo funciona de la misma manera: todos pensamos y experimentamos fluctuaciones en nuestro estado de ánimo. Debido al carácter único de nuestros pensamientos y estados anímicos, cada cual vive su propia realidad, separada de la de los demás y, finalmente, todos tenemos sentimientos. Estos cuatro factores psicológicos forman parte de la vida de todo individuo en cualquier lugar del mundo. Forman parte de nuestra vida, de la de nuestra pareja, de la de nuestros compañeros de trabajo, de la de nuestros hijos. También forman parte de mi vida, de la vida de mi esposa, de la de mis hijas y de la de mis pacientes. Forman parte de la vida de absolutamente todo el mundo.

Detengámonos en el principio del pensamiento: todos, sin excepción, pensamos constantemente y seguiremos haciéndolo por el resto de nuestra vida. Se trata de un elemento impersonal que se produce todo el tiempo, querámoslo o no. Llueva o haga sol, la acción de pensar no se detiene en ningún ser humano. ¿Cómo hacer para que esta capacidad trabaje en nuestro favor y no en contra de nosotros?

LOS SISTEMAS DE PENSAMIENTO
DE LOS DEMÁS

Sabemos que los pensamientos con patrones recurrentes se convierten en parte de nuestro sistema individual de pensamiento. Debido a que los sistemas de pensamiento tienden a autovalidarse (en términos psicológicos diríamos que son sistemas cerrados), somos incapaces de poner nuestros propios pensamientos en tela de juicio y siempre creemos ver la vida de manera precisa y realista. Por esta razón, y porque los sistemas de pensamiento siempre buscan protegerse, tendemos a cuestionar la forma como los demás viven su vida y hacen las cosas; y cuando la información no se ciñe a nuestras creencias, nuestro sistema de pensamiento la juzga como "inconsecuente con la verdad", "una forma extraña de hacer las cosas", "rara", "insólita", "diferente" y, generalmente, "equivocada".

A medida que conocemos mejor a otra persona, nuestra tendencia a cuestionar su sistema de pensamiento no disminuye, sino que aumenta. Cuanto más oportunidades tengamos de interactuar y de conocer otros sistemas de pensamiento, mayor será la probabilidad de que surjan conflictos. Esto explica porqué la relación más difícil para la mayoría de las personas es el matrimonio; y porqué para los solteros la relación más difícil es, por lo general, la que sostienen con la persona más cercana o íntima. Resulta irónico que quienes más nos perturban sean precisamente las personas con quienes deseamos mantener relaciones más estrechas. Pero no puede ser de otra manera, mientras no comprendamos la dinámica de nuestro propio funcionamiento psicológico y el de nuestra pareja. Cuando esto haya ocurrido, sucederá lo contrario: sentiremos más respeto y amor por las personas con quienes queremos compartir la mayor parte de nuestro tiempo. Conservaremos nuestros sentimientos positivos hacia ellas, como personas especiales y únicas, y nuestras diferencias dejarán de molestarnos . . . ¡y hasta podrán convertirse en motivo de diversión! Dejaremos de ver a los demás como adversarios y comenzaremos a verlos como "personajes".

Es fundamental saber y entender que nuestra pareja (o cualquier persona con quien mantengamos una relación) ve la vida tan claramente como nosotros. Nadie puede poner en tela de juicio su propia visión de la vida, pues el pensamiento es el creador de la experiencia. Cuando vemos la vida de adentro hacia afuera, nuestra visión pasa a través del sistema de pensamiento y, en consecuencia, siempre nos parece que si los demás no fueran tan "ciegos" o "testarudos", verían las cosas como las vemos nosotros. Pero no pueden ni nunca podrán hacerlo; a fin de poder mantener relaciones positivas duraderas, tenemos que aceptar esta realidad.

Aceptar esta realidad nos vuelve humildes y nos libera. Por una parte, debemos admitir que lo que siempre hemos llamado "vida" no es la vida en sí misma, pues nuestra versión personal de la vida es tan arbitraria como la forma en que interpretamos a los demás. Si la información que se ha almacenado en nuestra memoria y en nuestro sistema de pensamiento hubiera sido distinta, también nuestra visión de la vida y la forma como reaccionamos ante los demás sería diferente.

Lo bueno del caso es que nuestra versión de la vida no es equivocada y se justifica tanto como la de cualquier otra persona, porque todos funcionamos igual desde el punto de vista psicológico. Cuando entendemos esto, "esperamos" ver las cosas de manera diferente de los demás. Cuando estamos preparados para asumir estas diferencias individuales, nos sorprendemos gratamente cada vez que alguien percibe algo exactamente como nosotros; y cuando no lo percibe igual que nosotros, no nos afecta, pues aprendemos a decirnos a nosotros mismos: "Así es como esta persona ve el mundo".

No estoy planteando que no les prestemos atención a nuestras diferencias o que pretendamos "que nada nos molesta". (Si eso es lo que estamos pensando, será mejor que volvamos a leer los capítulos sobre el pensamiento y las realidades separadas.) Nuestros sistemas de pensamiento son neutrales. No podemos pretender que no existen, ni hay la menor posibilidad de eliminarlos. Lo mejor que podemos hacer es entender que cada persona tiene su propio sistema de pensamiento, el cual determina su forma de ver el mundo. Al entender y aceptar este hecho, empezamos a escucharnos a nosotros mismos con algo de escepticismo, con sabiduría y sentido de la perspectiva. Podemos aprender a tomarnos a nosotros mismos y a nuestras ideas con menos seriedad. Al profundizar nuestra comprensión, dejaremos de sentirnos verdaderamente perturbados por los demás y de tomar sus pensamientos de modo personal y trascendental. Podremos estar en total desacuerdo con alguien, pero eso no será un problema ni nos afectará. No tendremos que enfrentarnos a los demás, porque disfrutaremos de una nueva y más amplia perspectiva.

FOMENTE LA EMPATÍA
EN SUS RELACIONES

El aspecto más importante de una relación enriquecedora es el "sentimiento" (en el sentido de sensación y actitud) que existe entre dos personas. Si este sentimiento es bueno, decimos que tenemos una buena relación. Si el sentimiento no es tan bueno, o la empatía ha disminuido, decimos que tenemos una mala relación. Todas las relaciones empiezan con algún grado de calidez y empatía. Estos sentimientos positivos son la causa principal de que la relación se haya iniciado, y se pudieron manifestar porque ninguna de las personas participantes estaba pensando críticamente sobre la otra. Cuando no enfocamos nuestra atención en los aspectos negativos de los demás, surgen los sentimientos naturales de amor y respeto.

El sentimiento que albergamos en nuestro interior siempre afecta a la persona a quien nos dirigimos. Podemos decirle a nuestro hijo, por ejemplo: "Claro que te amo; soy tu padre". Pero si decimos esto en un tono áspero, nuestro hijo no tomará nuestras palabras literalmente, pues él oye y percibe el tono o sentimiento oculto tras las palabras. Hay muchos ejemplos como éste, que todos vivimos cada día. Estemos dirigiéndonos a nuestros hijos, a nuestro cónyuge, a nuestro socio, a nuestros amigos, a nuestro jefe, a nuestros empleados o a un extraño, lo que determina la manera como los demás interpretan nuestras palabras y reaccionan ante ellas no son las palabras en sí mismas, sino los sentimientos que se esconden detrás de ellas.

La forma de recuperar el sentimiento de calidez y empatía hacía una persona es, ante todo, reconocer la importancia de este sentimiento y darle prioridad. Cuando en una relación predominan la calidez y la empatía, pasamos por alto gran parte de las diferencias; y si éstas se presentan, las manejamos con calma y sabiduría. Cuando no experimentamos un sentimiento de calidez hacia los demás, en cambio, reaccionamos directamente con base en nuestro sistema de pensamiento habitual, nos centramos en las diferencias y las culpamos de nuestra insatisfacción. Sin embargo, como hemos visto, no son las diferencias las que generan nuestros sentimientos, sino nuestros pensamientos. Por eso, entender nuestra forma de pensar nos puede liberar de los efectos nocivos de nuestros pensamientos.

El segundo aspecto importante en la recuperación de nuestros sentimientos positivos hacia los demás es percibir la inocencia implícita que hay en el "mal" comportamiento de las personas y ver más allá de éste. A pesar de nuestra conducta negativa, todos deseamos en el fondo ser cálidos, amigables y considerados. Hasta ahora no he conocido ni trabajado con un solo individuo que no se vea a sí mismo como una "buena" persona o, por lo menos, como una buena persona en potencia. Incluso las personas manifiestamente agresivas, testarudas y egoístas se ven a sí mismas (o desean verse) como "buena gente".

El principio de los estados de ánimo nos enseña que todos actuamos como si en realidad fuéramos dos personas. En los mejores momentos, tenemos acceso a nuestra sabiduría y sentido común; somos amigables, serviciales y bondadosos. Pero en los peores momentos perdemos el sentido del equilibrio; vacilamos, tendemos a la negatividad y exageramos los defectos ajenos. El factor que define cuál de las dos personas somos en un momento dado es el grado (o la ausencia) de inseguridad que experimentemos en nuestro interior.

Pensemos en nosotros mismos por un momento. ¿Cómo actuamos y pensamos sobre la vida cuando nos sentimos inseguros? ¿Acaso nos sentimos despreocupados, a nuestras anchas y llenos de sentimientos positivos? Claro que no. Pues bien, todo el mundo, incluidas las personas con las cuales mantenemos relaciones, funciona exactamente de la misma manera. Cuando entendemos y aceptamos humildemente este aspecto de la naturaleza humana, podemos aceptar la conducta de los demás. Nadie está en su mejor momento cuando se siente inseguro.

Pensemos en alguien que consideremos ofensivo y exigente, en alguien por quien nos sea difícil experimentar sentimientos positivos. Sabemos que, a pesar todo, hay personas que sienten simpatía por ese individuo. ¿Cómo lo logran? ¿Acaso son ciegas? No. Sencillamente hacen, muchas veces sin darse cuenta, lo mismo que todos hacemos por la gente que es importante para nosotros: ven más allá de su conducta. La persona que es importante para ellos no es un ser estático e inmutable, sino alguien cuyo comportamiento varía de acuerdo con el grado de inseguridad que experimenta. Ellos dicen: "Bueno, Juan no quería en realidad decir lo que dijo. Él se pone de mal genio fácilmente y a veces dice cosas que no debería decir". Estas personas ven a Juan, mientras que nosotros vemos el comportamiento de Juan.

Todos tenemos la capacidad de ver más allá del comportamiento de otra persona y lo hacemos intuitivamente todo el tiempo. Pasamos por alto o defendemos las malas actuaciones de las personas que amamos, cuando entendemos que se están sintiendo inseguras. Debemos hacer lo mismo, pero deliberadamente, si queremos mejorar nuestras relaciones y transmitirle nuestra cálida simpatía a alguna persona, aun cuando creamos que "no lo merece". A medida que practiquemos esta actitud, aumentarán la comunicación y el respeto mutuos.

La importancia de este "sentimiento positivo" que hemos llamado empatía en las relaciones interpersonales es inmensa. Si aprendemos a experimentar este sentimiento, saldrán a relucir no sólo nuestras mejores cualidades, sino también las de quienes nos rodean. Lo importante no es que los demás vuelvan o no a sentirse inseguros y a actuar como no nos gusta; pues, con seguridad, esto volverá a suceder. Lo que debemos aprender es a ser capaces de conservar nuestro sentimiento positivo hacia las personas que nos rodean. Si podemos hacerlo, les estaremos ayudando a aumentar la confianza en sí mismos, lo que a su vez redundará en un mejor comportamiento. ¡Todos saldremos ganando! Ellos apreciarán el cariño y la consideración que les estamos demostrando, y la experiencia les servirá de lección. Pero si, por el contrario, no podemos mantener nuestros sentimientos positivos hacia ellos, su nivel de seguridad (bajo de por sí) tenderá a disminuir aún más; y al aumentar su inseguridad, su comportamiento seguirá siendo desagradable (o será cada vez peor), y en sus sentimientos seguirá prevaleciendo la acritud.

En las malas relaciones, las personas cometen el error de tomar la conducta negativa de los demás como algo personal. No obstante, cuando empezamos a captar el sentido y la utilidad de mantener nuestros sentimientos positivos hacia los demás (aun en la adversidad), disminuye tanto el número como la gravedad de los episodios en que nos sentimos atacados. Los demás percibirán nuestra buena disposición hacia ellos, lo que hará que se sientan seguros y más cercanos a nosotros.

Según un viejo dicho, "lo importante no es lo que se dice, sino la forma como se dice". La "forma como se dice" es el sentimiento que albergan nuestras palabras. Si deseamos tener una interacción satisfactoria con otra persona, busquemos en nuestro interior un sentimiento positivo antes de hablar. Aun en los casos en que sintamos que nuestro malestar se justifica y que tenemos razones sobradas para sentirnos molestos, esperemos hasta que surja un sentimiento más positivo. Cuando esto suceda, nuestra respuesta será siempre mucho más apropiada y eficaz de lo que hubiera sido en condiciones contrarias. Esto no significa que debamos esperar hasta que se nos ocurra "algo agradable" para decir, sino simplemente que esperemos hasta que brote de nuestro interior un sentimiento positivo. Cuando este sentimiento se manifieste, y ello con seguridad ocurrirá, lo que digamos fluirá por sí solo. Puede ser "agradable", si es lo apropiado, o puede no serlo; pero si antes de hablar esperamos hasta que se manifieste un sentimiento positivo, nuestras relaciones mejorarán sustancialmente.

En las ocasiones extremas en que parezca imposible encontrar un sentimiento positivo, no olvidemos que lo que hay en nuestro interior afecta a la persona con quien estamos. A pesar de lo mucho que nos disguste la conducta de la otra persona, tenemos la capacidad de sentir empatía y de hacer acopio de sabiduría y consideración. Estas condiciones, a su vez, generan respeto y comprensión, lo cual mitiga la frustración mutua. De este modo, ambos veremos la situación con mayor claridad y más amplia perspectiva, pues en vez de adoptar una posición rígida empezaremos a recibir más de lo que hemos buscado toda la vida: el amor y el respeto de los demás y de nosotros mismos. La gente respeta y admira a quienes se muestran comprensivos con sus estados de ánimo (especialmente cuando se encuentran mal), y aprecia a quienes son capaces de mantener la ecuanimidad cuando los demás han "perdido la cabeza". ¿Junto a cuál de estas dos personas preferiríamos estar: a alguien que se trastorna y es presa del pánico, o a alguien que mantiene la cabeza fría y es capaz de sacar lo mejor de una situación difícil?

En la medida en que pensemos negativamente o traigamos a la

memoria recuerdos desagradables de alguna persona, seremos incapaces de generar sentimientos cálidos o positivos hacia ella. En cambio, si nos deshacemos de esos pensamientos o recuerdos negativos, regresarán los sentimientos positivos. Aunque creamos que es "normal", no es "natural" sentir aversión o irritación hacia los demás. Sentirnos así es señal de que hemos vuelto a mirar la vida y a los demás a través de nuestro viejo sistema de pensamiento.

Pensemos, por un momento, en lo que pasaría si estuviéramos discutiendo con alguien que amamos y, justo en la mitad de la discusión, se incendiara la casa, poniendo en peligro nuestras vidas. ¿Qué pasaría con la discusión? Dejaría de ser importante; la olvidaríamos temporalmente y la reemplazaríamos por pensamientos de supervivencia y mutua preocupación. Lo único que nos importaría a cada uno sería salvarnos y ayudar a salvar al otro. Los sentimientos de los dos cambiarían instantáneamente, en respuesta al cambio del foco de atención.

Muchos padres han tenido experiencias parecidas con sus hijos. En cierto momento se encuentran enfadados, pensando, por ejemplo, en que su hijo no regresó a casa a la hora convenida . . . y al siguiente momento se alegran de que su hijo esté vivo, después de una llamada telefónica para avisarles que tuvo un grave accidente del cual salió ileso. Todos hemos oído o vivido esta clase de incidentes.

En ambos ejemplos, los participantes "olvidaron" el motivo de su enfado, lo cual produjo un viraje en los sentimientos hacia la persona con quien estaban molestos. Quizás uno de los ejemplos que ilustran más vívidamente este punto es cuando a uno de los miembros de una pareja desavenida le diagnostican una enfermedad incurable. Instantáneamente, la pareja se percata de la falta de sentido y la pérdida de tiempo que representa sentir por el

RICHARD CARLSON

cónyuge algo distinto de amor; los dos olvidan los años de amargura y rencillas, y retornan a su relación la calidez y la compasión.

Esta nueva concepción sobre la manera de cuidar y alimentar nuestras relaciones nos pone en una situación difícil. Ahora que sabemos tanto sobre nuestro funcionamiento psicológico, no podemos volver atrás, al menos no completamente, y tenemos que elegir entre rescatar los sentimientos positivos y mejorar nuestras relaciones, o continuar pensando en la forma disfuncional que nos hace sentir descontentos e insatisfechos.

No estoy hablando aquí sobre el "pensamiento positivo" o la necesidad de "forzarnos" a pensar en algo "agradable". Me refiero a que es el hecho mismo de pensar lo que está ocasionando nuestra desdicha o falta de felicidad. Tenemos "derecho" a pensar lo que deseemos durante el tiempo que queramos, pero, cuando hayamos entendido que son nuestros pensamientos los que crean nuestra experiencia cotidiana, sin duda decidiremos cortar por lo sano aquellos pensamientos que nos alejan del lugar emocional donde quisiéramos estar.

¿QUÉ PREFIERE: TENER RAZÓN O SER FELIZ?

Si el factor más importante en nuestras relaciones de pareja es el sentimiento que existe entre las dos personas, "tener razón" deja de ser importante, especialmente cuando contribuye a disminuir el amor que sentimos hacia la otra persona. Cuando entendemos que nuestro sistema de pensamiento nos impulsa a validar nuestra propia interpretación de la vida, comprendemos que lo mismo le sucede a todo el mundo, y por eso dejamos de lado las disputas y nuestras diferencias dejan de inquietarnos.

Al aumentar los sentimientos de felicidad entre las personas, el tema de quién está en lo correcto pierde importancia. Podemos mantener nuestras opiniones y preferencias, pero sabiendo que ellas son el resultado de nuestros pensamientos y no de una "verdad eterna". El sentimiento positivo hacia los demás se vuelve más importante que nuestras opiniones, y a medida que aprendemos a apreciar la presencia de los sentimientos de alegría y mutua satisfacción en nuestras relaciones, empezamos a reconocer todo aquello que tiende a alejarnos de esos sentimientos. Uno de los factores que más nos aleja de ellos es la necesidad de "tener razón".

Tomar demasiado en serio una opinión implica, por lo general, que se deben cumplir ciertas condiciones antes de poder ser felices. En el contexto de una relación, lo anterior puede sonar como: "Debes estar de acuerdo conmigo o aceptar mi punto de vista para que yo te ame y te respete". No obstante, en un estado emocional más positivo, esta actitud nos parecería tonta y peligrosa. Podemos estar en desacuerdo aun sobre temas importantes y, sin embargo, seguir amándonos, cuando nuestro sistema de pensamiento deja de controlar nuestra vida y aprendemos a ver la sinceridad y la inocencia en nuestros puntos de vista divergentes.

La necesidad de "tener razón" es resultado de una relación malsana con nuestros propios pensamientos. ¿Creemos, acaso, que nuestros pensamientos representan la realidad y deben ser defendidos, o nos damos cuenta de que la realidad se ve distinta a través de diferentes ojos? La respuesta a esta pregunta determinará en gran medida nuestra capacidad para permanecer en un estado emocional positivo.

Todas las personas que sé que le han dado prioridad al "sentimiento positivo" sobre la necesidad de "tener razón", se han dado cuenta de que las diferencias de opinión no tienen la menor importancia. Un estado emocional más positivo nos permite apreciar otros puntos de vista, escuchar con más atención y expresar nuestras creencias con más respeto y consideración hacia los demás. (¡Hasta podemos aprender alguna cosa!) Cuando nos encontramos en ese estado emocional podemos, incluso, darnos el lujo de no preocuparnos si es que no logramos ponernos de acuerdo.

ESTADOS ANÍMICOS
Y RELACIONES PERSONALES

Todos podemos sentir que somos como el doctor Jekyll y el señor Hyde. Cuando estamos de buen ánimo, los demás nos parecen simpáticos, vemos los aspectos positivos de las relaciones y tenemos sentido de la perspectiva. En esos momentos, tenemos la capacidad de transigir, de apreciar otros puntos de vista y de conservar el sentido del humor; somos muy razonables y sabemos instintivamente qué hacer cuando la adversidad nos golpea.

Cuando estamos de mal ánimo, en cambio, perdemos el sentido de la perspectiva y la vida nos parece dura y frustrante. Nuestras relaciones se convierten en una carga y los demás nos parecen irritantes y hostiles. Cuando no estamos bien anímicamente, tomamos como una afrenta el hecho de que otras personas no vean las cosas como las vemos nosotros, y todo empieza a parecernos apremiante y sin sentido. Cuando nuestro estado de ánimo es bajo, cualquier problema nos parece la punta del iceberg que lleva a problemas mucho más graves.

Cuando estamos bien anímicamente, nuestra mente se aligera; nos parece que la vida y las relaciones fluyen y se desarrollan agradablemente. Pero cuando el ánimo baja, nuestra mente vuelve a llenarse de inquietudes, y es precisamente cuando no estamos bien de ánimo — es decir, cuando estamos menos preparados para ello — que sentimos el impulso de resolver los problemas y los asuntos pendientes con los demás.

Es vital entender la dinámica de los estados anímicos, tanto en nosotros como en los demás, si queremos mantener relaciones armoniosas y satisfactorias. Si nos hallamos mal anímicamente y no registramos ese hecho, ¡cuidado! Nos estamos buscando problemas sin darnos cuenta, porque en esos momentos todo nos parece apremiante.

Si nuestro sistema interior de alarma (los sentimientos) se apaga (estado de ánimo bajo) y entendemos lo que nos está sucediendo, instintivamente pospondremos la discusión de nuestros problemas y preocupaciones (si podemos). En ese estado no podemos tomar decisiones acertadas, pues no sólo no vemos a los demás como son en realidad, sino que tampoco podemos ver las situaciones con claridad. Bajo esas condiciones anímicas nos mostramos defensivos, tercos, airados e intolerantes, cuatro factores seguros hacia una relación negativa. En mejores condiciones anímicas, en cambio, los problemas no nos parecen tan graves, y saber esto permite que los malos episodios anímicos sean más cortos y menos intensos, y que no se compliquen con reacciones desproporcionadas o con decisiones que luego tengamos que lamentar.

No podemos evitar sentirnos mal anímicamente de vez en cuando, pero si aprendemos a reconocer los momentos en los que estamos bajos de ánimo, y entendemos lo que ocurre en esos momentos, sabremos que lo mejor es tomarlo con calma y esperar a que surja un sentimiento más positivo, antes de atender asuntos importantes.

El siguiente ejemplo muestra de qué manera este conocimiento contribuyó a anular una fuente potencial de desarmonía en mi vida. Me encontraba muy mal de ánimo; había hecho consulta todo el día y me sentía sumamente cansado. De algún modo, nada parecía haber resultado bien ese día. Acababa de llegar a casa cuando recibí una llamada telefónica "urgente" de alguien que deseaba conversar conmigo sobre un problema. Todo lo que yo quería era un baño caliente y un saludo cariñoso de mi esposa y mi hija, pero esa persona hablaba sin parar.

Antes de entender la dinámica de los estados de ánimo, esta situación me habría enfurecido. Habría reaccionado con ira y ofuscación, y todo habría terminado con una reacción exagerada y alguna decisión inapropiada que habría lamentado más tarde, o que, si era tozudo, habría justificado con el argumento de que "tenía derecho a sentirme enojado". Además, probablemente le habría transmitido a mi esposa parte de mi frustración sin darme cuenta. Sin embargo, ese día reconocí que estaba muy mal de ánimo y que era natural que todo me pareciera peor de lo que me parecería después. Así pues, escuché la información lo mejor que pude y le dije al paciente que estudiaría la situación y lo llamaría después. Guardé la información en mi mente, sabiendo que la recordaría más tarde, cuando estuviera mejor de ánimo, y así fue: transcurridas varias horas después de no pensar en ello, me sentí muchísimo mejor y las respuestas vinieron con toda claridad a mi mente.

Es muy importante recordar que si percibimos un problema verdadero mientras nos encontramos en un estado de ánimo bajo, el problema seguirá estando allí cuando nuestro estado anímico se haya elevado; y que cuando nos sintamos mejor, seremos mucho más capaces de afrontar con eficacia cualquier situación adversa.

Hay un punto adicional muy importante: No niego que hay ocasiones en las que simplemente no podemos esperar a encontrarnos "mejor de ánimo"; oportunidades en las que un nivel anímico más alto nos permitiría encontrar mejores respuestas y la paciencia y sabiduría necesarias para resolver un problema. Sin embargo, no podemos forzarnos a cambiar de ánimo abruptamente, por eso lo importante es entender la dinámica de los estados de ánimo. Simplemente hagamos las cosas lo mejor que podamos, reconociendo el estado anímico en que nos encontramos. Si en el ejemplo anterior yo hubiera tenido que tomar una decisión inmediatamente, lo habría hecho a sabiendas de que no estaba percibiendo la situación con claridad. Si se hubiera tratado de una emergencia, habría tomado la mejor decisión posible, sabiendo que no estaba haciéndolo en las mejores condiciones. Reconocer que estamos mal anímicamente nos ayuda a tomar mejores decisiones, que si suponemos equivocadamente que estamos viendo la vida (y los hechos) de manera correcta. Si somos comprensivos con nuestro propio estado de ánimo, nuestras actitudes serán más mesuradas. Es muy importante tener en cuenta este aspecto del comportamiento humano al tomar decisiones cuando nuestro ánimo está en un nivel bajo.

Por otra parte, no sólo es importante saber cuándo estamos nosotros mal de ánimo, sino también cuándo los demás se encuentran en el mismo estado anímico. Para la mayoría de las personas no es difícil reconocer cuándo el nivel anímico de los demás es bajo, en particular de quienes les son más próximos. De hecho, generalmente es más fácil detectar los estados anímicos de los demás que los propios, en especial cuando no son agradables. Cuando detectemos un mal estado de ánimo en otra persona, respetémoslo y entendámoslo, y así no nos sentiremos preocupados ni afectados por él.

Cuando las personas que conocemos, que amamos o que trabajan con nosotros se encuentran mal anímicamente, no tienen sentido del humor ni de la perspectiva. Cuando están mal de ánimo, tanto nuestro cónyuge como nuestros compañeros de trabajo, hijos, empleados, amigos, etc., pueden decir y hacer cosas que no soñarían en decir o hacer si su ánimo fuera diferente. Así, si no entendiéramos la dinámica de los estados de ánimo y su efecto sobre las personas, nos sentiríamos molestos o heridos por las actuaciones y los comentarios desafortunados de éstas.

¿Significa esto que debemos excusar el comportamiento negativo? Sí y no. No se trata de "mirar hacia el otro lado" o de pretender que no nos molesta, sino de permitir que las personas que nos rodean se comporten libremente, como cualquier ser humano que experimenta fluctuaciones en su estado de ánimo. Reaccionar enérgicamente ante alguien que se encuentra bajo el efecto de un mal estado anímico es tan inútil como reaccionar ante el mal tiempo: no tenemos el poder de cambiar ninguna de esas dos situaciones. (¡Naturalmente, preferiríamos que la gente fuera menos defensiva o crítica cuando no está de buen talante!) Pero lo que sí podemos hacer es poner en práctica nuestro conocimiento sobre los estados anímicos y dar así un ejemplo positivo. Podemos aprender a no tomar en serio los malos momentos de las otras personas, y a no dejarnos alterar por lo que dicen o hacen en esos momentos. Primero, debemos juzgar la situación, y luego, hacer acopio de la comprensión necesaria para ayudarle a la otra persona a salir de ese estado y a entrar en uno más productivo.

Es verdad que nuestro solo deseo no es suficiente para sacar a otra persona de un mal estado anímico, pero sí podemos ayudarla si logramos mantener nuestro equilibrio y alegría. Si no permitimos que los malos momentos anímicos de nuestra pareja nos afecten seriamente, éstos serán más cortos y menos graves. ¡No tratemos de darle consejos a alguien que está pasando por un mal momento anímico! Nadie es receptivo a ellos mientras se halla en tales condiciones. Tampoco lo hagamos de lado; sencillamente entendamos su situación y seamos considerados.

REALIDADES SEPARADAS
Y RELACIONES PERSONALES

El principio de las realidades separadas establece que no hay dos personas que vean la vida exactamente del mismo modo. Cada persona ve la vida a través de su filtro exclusivo, constituido por su sistema de pensamiento. Aunque casi todos sabemos esto desde el punto de vista intelectual, el principio de las realidades separadas nos recuerda que no se trata simplemente de un hecho "intelectual", sino "psicológico". Cuando aceptamos esta verdad, quedamos en disposición de disfrutar y aprender de las diferencias de los demás, incluso de aquéllas que quizá no entendamos.

Puesto que todo ser humano tiene su marco de referencia personal, la perspectiva con que miramos la vida varía de una a otra persona y siempre creemos ver la situación de manera realista. Sin embargo, el principio de las realidades separadas no avala ni desestima punto de vista alguno, ni señala qué está bien o mal; sencillamente nos hace notar que la realidad es un espejismo, la forma como algo parece ser desde un marco de referencia particular. ¡Las realidades separadas significan que cada uno de nosotros es un país diferente!

La persona A tiene la "certeza" de que el mundo es un lugar seguro. La persona B cree que el mundo es peligroso. ¿Cuál de las dos tiene razón? Ambas la tienen... dentro de sus respectivos marcos de referencia. Cada una podría dar multitud de ejemplos válidos de porqué su punto de vista es justo y cada una lo haría con absoluta certidumbre.

Cuando comprendemos la manera como los sistemas individuales de pensamiento crean nuestra perspectiva del mundo, quedamos en disposición de superar estas limitaciones. Dejamos de sentirnos amenazados cada vez que alguien está en desacuerdo, o se siente desilusionado, con nosotros, pues entendemos la inevitabilidad de esta dinámica. Vemos la inocencia de nuestros pensamientos y creencias negativas, así como la inocencia de la negatividad de los demás; y reconocemos que nuestras creencias se originan en nuestro condicionamiento pasado. Entender las realidades separadas nos permite personalizar cada vez menos, pues entendemos la naturaleza de los prejuicios y de las distintas creencias y concepciones sobre la vida.

Cuando aceptemos la realidad de que cada ser humano ve la vida desde su propio marco de referencia, empezaremos a captar el valor y el sentido de nuestras diferencias y abriremos canales para que nuestras relaciones sean más fructíferas y enriquecedoras. Naturalmente, nos volveremos menos defensivos y críticos, pues ya no nos interesará defender nuestra visión personal de la vida, sino más bien experimentar los sentimientos positivos universales.

7

❧

El estrés

Pensar por segunda
vez siempre es más sabio.
— Eurípides

La mayoría de los profesionales especializados en el manejo del estrés dirían que su trabajo es "estresante". Debido a que vivimos en un mundo estresante, lo máximo a que podemos aspirar es a aprender métodos para afrontar el estrés: tal es la concepción de la psicología moderna. El estrés es una "realidad de la vida" para mucha gente, una dura realidad que debemos afrontar. Es tan popular, que hay quienes parecen ofenderse si uno no da la sensación de estar estresado. El estrés se considera parte necesaria del éxito, de las relaciones, de la profesión y de la vida en general. La palabra se ha convertido en un "caballito de batalla" para describir, validar y explicar prácticamente todo lo que no marcha bien en nuestra vida. "Si no estuviera sometido a tanto estrés, mi vida sería mejor" es una creencia bastante generalizada.

El estrés es una importante fuente de perturbación en nuestra vida, pero no tenemos que dejarnos vencer por él. Si entendemos dónde se origina (en nuestra propia mente) y la relación que guarda con nuestros pensamientos, podemos empezar a deshacernos de él, sean cuales sean las circunstancias de nuestra vida. El estrés no es sino una forma de enfermedad mental socialmente aceptada, que puede ser eliminada en buena medida.

El estrés no es algo que "nos sucede", sino algo que se desarrolla desde el interior de nuestro propio pensamiento. De adentro hacia afuera, decidimos qué será y qué no será estresante. Apostar en juegos de azar puede ser muy emocionante para una persona, mientras que a otra le puede producir un colapso nervioso. Para una persona tener hijos puede ser la máxima realización de su vida, mientras que para otra puede representar una responsabilidad excesiva. Trabajar con víctimas de violación puede ser una causa noble para alguien en particular, pero a otra persona le puede producir angustia. Cada una de estas situaciones, al igual que toda situación en la vida, es neutral y no intrínsecamente estresante.

En el momento en que decidimos que el estrés proviene de cualquier lugar, menos de nuestro interior, nos exponemos a sentirlo . . . y, en ese momento, ya es demasiado tarde para evitarlo. Cada vez que decidimos que el estrés está "allá afuera", validamos su existencia y necesitamos mecanismos para afrontarlo, o para manejar aquello que creemos que lo está causando. Así, por ejemplo, si creemos que es "intrínsecamente estresante" vivir con alguien que trabaja por la noche (o hasta muy tarde), buscaremos maneras de "afrontar" la situación. Podremos, por ejemplo, invertir grandes cantidades de energía tratando de que nuestra pareja cambie de trabajo, y, cuando se oponga, decir: "Claro, yo sabía que teníamos problemas". O podremos hacer algo completamente distinto y dedicarnos a "trabajar por conservar la relación", asistiendo a cursos y seminarios, leyendo libros o buscando la asesoría de un consejero matrimonial con el fin de aprender a manejar nuestra "relación estresante". Pero, sea cual sea la estrategia que elijamos, de todas formas estaremos validando la necesidad de afrontar la situación, que es estresante sencillamente porque así la definimos.

Nunca nos detenemos a cuestionar el supuesto de que algo es "estresante", y todos los cursos, los seminarios, los libros y los consejeros parten de la base de que nuestra suposición es válida y de que, en efecto, tenemos que aprender a lidiar con el estrés. Cada curso que tomamos y cada libro que leemos refuerzan nuestra creencia de que estamos inmersos en una "situación estresante", lo que da por resultado más estrés. Cuanto más pensemos y más tratemos de modificar la situación, peor será, porque en el fondo estaremos validando nuestra creencia de que el estrés es algo que definitivamente existe por fuera de nosotros.

Lo mismo ocurre cuando creemos que el estrés proviene de nuestro trabajo, del mundo, de nuestras relaciones interpersonales, de nuestra situación económica, de nuestros antecedentes, del ambiente político, o de lo que sea. Si no entendemos dónde se origina el estrés, siempre buscaremos maneras de cambiar la llamada "fuente" (por ejemplo, el medio ambiente) del estrés, o trataremos de aprender métodos para afrontarlo. En ambos casos, estaremos dando una pelea interminable; pues si no podemos cambiar nuestras circunstancias, seguiremos teniendo una justificación para nuestra infelicidad, y si logramos cambiarlas, estaremos validando la falsa creencia de que así se alcanzan la felicidad y una vida libre de estrés. De este modo, la próxima vez que algo nos disguste, volveremos a creer que tenemos que cambiar nuestras circunstancias, lo que nos conducirá a un estresante círculo vicioso.

Supongamos que para nosotros estar "muy ocupados" es una situación intrínsecamente estresante. Si no logramos modificar nuestro programa de trabajo, ¡mala suerte!, ¡estaremos destinados a sentir estrés toda la vida! Pero si logramos modificarlo, habremos agravado el problema, en vez de resolverlo, porque habremos confirmado (en nuestra mente) que nuestra suposición es válida ("Debo modificar mi programa de trabajo para no sentir estrés"). Aunque haya sido una buena idea pensar en cambiar nuestro programa de trabajo, e inclusive hacerlo, la próxima vez que nos sintamos estresados supondremos lo mismo; es decir, que tenemos que cambiar nuestras circunstancias o nuestro ambiente para sentirnos mejor.

No podemos lidiar con algo que en realidad no existe . . . y el estrés no existe, excepto en nuestro pensamiento. Los pensamientos que producen estrés no son más reales que los que no lo producen; todos son solamente pensamientos. Para podernos liberar del estrés, debemos entender primero que éste no es sino nuestra percepción de la situación, y no una característica de ésta. No existe una relación de causalidad entre los acontecimientos de nuestra vida y el estrés que experimentamos. Volviendo a nuestro ejemplo, no existe necesariamente una relación entre el programa de trabajo y la sensación de estrés de las personas "muy ocupadas". ¡Después de todo, hay personas todavía más atareadas que no se sienten estresadas! No se trata de la cantidad de trabajo, sino de la forma como piensa la persona atareada.

Cuando nos percatemos claramente de que el estrés no existe, sino sólo los pensamientos estresantes, nos encaminaremos hacia el cambio y podremos asumir la responsabilidad de nuestra propia vida. Cuando redefinamos el estrés como algo que podemos controlar, estaremos en capacidad de conservar una perspectiva positiva, aun cuando las circunstancias estén lejos de ser las ideales.

CÓMO LOS PENSAMIENTOS LLEGAN A PRODUCIR "ATAQUES DE PENSAMIENTO"

Los pensamientos son para el estrés lo que el agua y el sol para un jardín: cuanto más pensamos o nos concentramos en algo, más crece en nuestra mente el objeto de nuestra atención y más justificados nos parecen nuestros sentimientos de disgusto. Si creemos que algo es irritante y pensamos lo suficiente en ello, esa leve molestia puede convertirse en una gran fuente de estrés; esto explica por qué tanta gente se altera por "pequeñeces". Cuando no entendemos la dinámica del pensamiento, somos propensos a exagerar todo aquello que nos inquieta.

Normalmente, empezamos con un pensamiento: "Francamente, Juana no me importa tanto". Una vez que el pensamiento ha irrumpido en nuestra mente, puede ocurrir una de dos cosas: Podemos tomar nota de él y enseguida desecharlo como un "pensamiento pasajero", o podemos concentrarnos en él y hacer que crezca. Si lo desechamos, el pensamiento se alejará y nosotros quedaremos libres para pensar en algo distinto. Entonces podremos decidir con calma si deseamos proseguir nuestras relaciones con Juana y qué debemos hacer. Pero si nos concentramos en el pensamiento, éste empezará a crecer, y nosotros comenzaremos a sentir sus efectos estresantes. Pensaremos, por ejemplo, que Juana tiene un timbre de voz desagradable y un par de costumbres detestables. Pensaremos, además, en las ocasiones en que ella no ha sido una buena amiga y ha hecho cosas que nos molestan. En ese momento, habremos desarrollado un verdadero "ataque de pensamiento".

Comenzaremos a sentirnos un poco enojados y estresados. "¿Quién se cree ella que es, acaso?" Hablaremos sobre Juana con algunos amigos, para ver si están de acuerdo con nosotros, y descubriremos que algunos comparten nuestros puntos de vista, pero otros no. Tenderemos a hablar solamente con aquellos amigos que comparten nuestros sentimientos sobre Juana, y los sentimientos negativos de ellos ratificarán todavía más los nuestros. Así, bien pronto Juana será "la mala" que nos está causando estrés.

La misma dinámica opera en cualquier circunstancia. Todos hemos escuchado que la forma como uno de los cónyuges aprieta el tubo de dentífrico puede ser fuente de discordia entre ellos. En realidad, el dentífrico, o la forma como alguien lo saca del tubo, no tiene nada que ver en el conflicto; lo que causa estrés son nuestros pensamientos y el foco de nuestra atención. El pensamiento "¿Será que mi mujer (o mi marido) es capaz de sacar el dentífrico de otro modo?" desencadena una serie de pensamientos y de referencias al pasado: "Ella siempre ha sido desordenada", "Estoy seguro de que hace esto sólo para molestarme", "Esto ha pasado desde el día en que la conocí", "Todo lo que hace me molesta", "Probablemente tiene motivos ocultos para hacer todo esto", "Estoy completamente seguro de que otra mujer no haría eso", "Nadie toleraría todo lo que yo tolero", etc. Estos pensamientos se desencadenan instantánea y automáticamente . . . y, por lo general, sin darnos cuenta.

Cuando la gente escucha por primera vez esta teoría sobre la forma como funciona el estrés en nuestra vida, por lo regular piensa que la solución para aliviar el estrés es encontrar una fórmula para pretender que nada nos preocupa. Pero les aseguro que ésa ¡no es la solución! La solución es encontrar una forma para que las cosas que siempre nos han alterado dejen de preocuparnos y afectarnos. A medida que aumente nuestro conocimiento sobre este proceso, aprenderemos que concentrarnos en pensamientos estresantes también nos impide comunicarles a los demás de manera eficaz nuestras necesidades.

La mayoría de las personas responden bien cuando el compañero les sugiere una forma sustitutiva de hacer algo (siempre y cuando que la persona que haga la sugerencia no esté experimentando estrés). Cuanto menos estrés sintamos o mostremos, más receptivos serán los demás a nuestras necesidades. En cambio, cuanto más estresados nos mostremos, más exigentes les pareceremos a los demás, y menos responderán a nuestras necesidades.

Imaginemos, por ejemplo, que un amigo nuestro siempre es impuntual. Últimamente hemos notado que esta mala costumbre ha empeorado y decidimos hablar con él. Si nos sentimos enfadados, estresados y molestos, y le recordamos a nuestro amigo la multitud de veces que ha llegado tarde, lo desilusionados que nos sentimos, etc., probablemente él responderá poniéndose a la defensiva; notará nuestra contrariedad y no habrá el menor riesgo de que nos escuche o aprenda algo de nuestro discurso. Por lo tanto, seguirá llegando tarde. En cambio, si nos mostramos amables, y calmadamente le exponemos el asunto, ocurrirá lo contrario: él se mostrará receptivo y nos escuchará, y los buenos sentimientos y el respeto que siente por nosotros no disminuirán.

LOS DETALLES DE
NUESTROS PENSAMIENTOS

Los detalles y particularidades de nuestros pensamientos alimentan nuestra atención y a menudo agravan la sensación de estrés. Si nos sentimos mal de ánimo y pensamos: "No me gusta mucho mi trabajo", puede ocurrir una de dos cosas: o simplemente desechamos el pensamiento y decidimos pensar en eso más tarde, cuando nos sintamos mejor; o nos ponemos a pensar en los detalles de nuestro trabajo: por qué no nos gusta, el jefe, los compañeros, etc. Como es frecuente, en este último caso los detalles de nuestros pensamientos se acumularán rápidamente y aumentarán nuestra sensación de estrés, cuando lo mejor sería que decidiéramos desechar todos los pensamientos sobre nuestro trabajo y esperar hasta más tarde.

Al contrario de lo que suele creerse, pensar en "¿por qué me siento mal?", en vez de hacernos sentir mejor, nos hace sentir mal anímicamente y conduce a que nuestros problemas nos parezcan mucho más graves. De esta forma, podemos convertir una simple preocupación en una importante fuente de estrés.

Supongamos que en el supermercado un cajero nos insta con brusquedad a que le paguemos. Más tarde, le comentamos a un amigo este incidente (una mala idea) y le contamos todo sobre el tono de la voz, las palabras exactas, la mirada del dependiente, cómo nos sentimos en ese momento y lo que pensamos hacer para vengarnos. A medida que la descripción se hace más detallada, nos sentimos como si estuviéramos viviendo de nuevo esa situación. Lo que sentimos durante el episodio real no es nada frente a lo que sentimos ahora, a pesar de que el incidente ya pasó y ahora estamos charlando cómodamente con un amigo y tratando de pasar un rato agradable. Debido a que nos sentimos enojados y resentidos, nos parece aún más razonable pensar y hablar detalladamente sobre el incidente. Es más: ¡ahora estamos seguros de que el dependiente del supermercado es la causa del estrés que estamos sintiendo! Este círculo vicioso parece no terminar jamás, pues siempre nos sentimos a merced de los demás y de todo lo que acontece a nuestro alrededor. A menos que el mundo se ajuste a cada uno de nuestros gustos y deseos, seguiremos sintiéndonos enfadados; éste es el resultado de nuestro "ataque de pensamiento".

A fin de romper ese círculo vicioso, debemos entender que es nuestro pensamiento lo que causa nuestro malestar, y que cada persona es responsable de que se produzca ese fenómeno. Si no estuviéramos pensando en el incidente del supermercado, sino charlando con nuestro amigo sobre cualquier otra cosa, el dependiente no estaría dentro de nuestra cabeza causándonos estrés. Al pensar en el incidente y reproducir la situación, ésta revive, y cualquier detalle que recordemos aumenta todavía más la intensidad de nuestros sentimientos.

A fin de combatir esta tendencia, no es necesario sacar a relucir la fuerza de voluntad o pretender que nunca tengamos pensamientos negativos. Lo que podemos hacer es aprender a desecharlos más a menudo; podemos aprender que no necesitamos concentrarnos en ellos, aunque lo hayamos hecho muchísimas veces antes. Si tenemos pensamientos airados sobre el dependiente del supermercado, tomémoslos como lo que son: pensamientos airados. No tenemos que hacer nada con ellos: simplemente, dejémoslos que se alejen.

UN EJEMPLO PERSONAL

Hasta hace pocos años, yo pensaba que hablar ante un público numeroso era una experiencia muy estresante. Cada vez que tenía que hacerlo, pensaba en todas las reacciones que me producía el estrés. Notaba, por ejemplo, lo sudoroso y nervioso que me sentía, y al terminar mi intervención pensaba en todo lo que había olvidado decir. Hasta me ponía a recordar las personas del auditorio que parecían no estarme escuchando. Para cerrar con broche de oro, leía sobre mi opinión "correcta" de que hablar en público era intrínsecamente difícil y estresante, y escuchaba a los amigos, los colegas y cualquier otra persona que apoyaran mi punto de vista.

Naturalmente, mi conclusión siempre era la misma: "Tengo razón; hablar en público es muy estresante". Cuanto más pensaba en eso, más nervioso me ponía y más me convencía de que "hablar en público" era la causa fundamental de mi estrés. No tenía la menor idea de que con mis propios pensamientos yo mismo estaba generando el estrés que sentía. Creía que hablar en público era estresante en sí mismo y que no había absolutamente nada que yo pudiera hacer, excepto acostumbrarme.

Cuando entendí que el estrés provenía realmente de mis propios pensamientos y creencias, empecé a dirigirme al público con más eficacia. Empecé a pensar menos en cómo me sentía y en lo estresante que iba a ser dirigirme al público, e hice el esfuerzo de concentrarme en lo que iba a decir y en cómo iba a exponer el tema. En lugar de fijarme en los asistentes que no me estaban escuchando, centraría mi atención en quienes parecían estar interesados en lo que estaba diciendo. Al olvidar la presión bajo la cual imaginaba que estaba, mi mente se despejaría y se serenaría.

De este modo, mi tensión arterial descendió, empecé a divertirme cada vez que tenía que hablar en público, y eso me permitió convertirme en un mejor orador.

FUNCIONAMIENTO PSICOLÓGICO SANO

El estrés siempre se manifiesta cuando, sean cuales sean nuestras circunstancias, tomamos demasiado en serio las cosas en que pensamos y las exageramos. Supongamos que nuestro jefe nos dice que un trabajo especial tiene que estar listo dentro de dos semanas, cuando hay muchas otras cosas que debemos hacer dentro de ese plazo. En esta situación, un funcionamiento psicológico sano consistiría en recibir tal información por un oído, dejarla fluir por el cerebro, y luego sacarla por el otro oído. Esto nos permitiría tomar el curso de acción más apropiado, y nuestra respuesta ante la tarea variaría sólo de acuerdo con lo pronto que quisiéramos empezar a realizarla. El funcionamiento psicológico sano no dejaría que nuestra mente se llenara de pensamientos de pánico, frustración, autoconmiseración o ira; y en cambio nos ayudaría a ver con claridad la mejor solución posible frente a los hechos.

Un funcionamiento psicológico malsano (estrés) también consistiría en recibir la información pero, en vez de dejarla fluir, tendríamos un "ataque de pensamiento", a través del extenuante ejercicio de estudiar y analizar la información hasta llegar a la frustración. Probablemente, terminaríamos diciendo: "Siempre trabajo bajo presión" o "No lograré tenerlo listo a tiempo", o "¿Por qué me pasa esto a mí?"

Un funcionamiento psicológico malsano puede convertir en una pesadilla hasta el acontecimiento más intrascendente. Una vez me contaron la historia de un cartero que cayó presa del pánico y de la ira cuando a su ruta le añadieron dos casas más: ¡de treinta a treinta y dos! Para la mayoría de la gente esto no habría significado nada; sin embargo, para este hombre se convirtió en una situación "en extremo estresante".

La clave para eliminar el estrés de nuestra vida es entender que somos nosotros mismos los que lo producimos, como el cartero del ejemplo. Cada vez que exageramos algo en nuestra mente, creamos el potencial para sentir estrés. Entender esta dinámica psicológica nos permite empezar a desechar los pensamientos que están interfiriendo en nuestro funcionamiento psicológico sano y recuperar nuestro estado natural de satisfacción y tranquilidad.

EL PROPÓSITO DEL ESTRÉS

El estrés es un sentimiento desagradable, pero recordemos que los sentimientos nos sirven de guía o brújula para indicarnos cómo estamos marchando, desde el punto de vista psicológico, en determinado momento. ¿Nos estamos sintiendo tranquilos y satisfechos? ¿Nos sentimos calmados y contentos con la tarea que tenemos entre manos? ¿O hemos tomado demasiado en serio nuestros pensamientos y nos hallamos atrapados en nuestro sistema de pensamiento?

El propósito del estrés es advertirnos que estamos dirigiéndonos hacia una crisis o un peligro psicológico. Cuanto más estresados nos sintamos, más importante es deshacernos de los pensamientos que están ocupando nuestra mente. El estrés puede ser nuestro amigo, pues nos indica a tiempo cuándo nos estamos alejando de la felicidad y de la claridad mental.

En el estrés físico son mucho más evidentes estas implicaciones. Si, por ejemplo, sentimos que nos está empezando un resfriado (una pequeña cantidad de estrés físico), podemos decidir tomar o no tomar el día libre. A medida que aumenta el estrés físico, le ponemos más atención a la manera como nos sentimos y tomamos decisiones que nos permiten deshacernos de ese estrés. Del mismo modo, un atleta que se disloca un tobillo probablemente decida suspender su práctica, con el fin de curarse. Cuanto peor nos sintamos, mayor será la necesidad de descansar.

El propósito del estrés psicológico es idéntico. Cuanto más intensamente lo sintamos, mayor será la necesidad de disminuir el ritmo o de suspender no sólo lo que estemos haciendo sino, lo que es mucho más importante, lo que estemos pensando. Sin embargo, por alguna razón, esto no siempre nos parece evidente. En efecto, cuando las personas se sienten "estresadas" es cuando generalmente se remangan la camisa y se lanzan a trabajar. Si piensan que está surgiendo un problema de relación, tratan de "ir al fondo del asunto"; si tienen alguna otra inquietud, deciden analizarla; o si hay algún trabajo pendiente en la casa, no se dan un respiro y ¡a trabajar!

La dinámica del estrés físico y la del estrés psicológico funcionan exactamente igual. Así como cuando estamos enfermos no nos encontramos en nuestro mejor momento, cuando nos sentimos emocionalmente estresados tampoco estamos en nuestro mejor momento. Cuando estamos en esas condiciones, perdemos la compostura psicológica, la sabiduría y el sentido común, y tendemos a tomar todo con excesiva seriedad; perdemos de vista la perspectiva y, con frecuencia, nos extraviamos en los detalles de los problemas.

REDUZCA SU TOLERANCIA AL ESTRÉS

Sorprendentemente, la solución al estrés es comenzar a reducir nuestra tolerancia a él. Es la solución opuesta a la que la mayoría de las personas hemos aprendido, pero es la que funciona. El método de reducir la tolerancia al estrés se basa en el sencillo principio de que la cantidad de estrés que sentimos siempre será igual al nivel de nuestra tolerancia a él. Por este motivo, las personas que pueden "manejar" altos niveles de estrés generalmente están muy estresadas.

Las personas cuyos niveles de tolerancia al estrés son sumamente altos, por lo regular terminan sufriendo ataques cardíacos relacionados con esa condición, mucho antes de empezar a prestarle atención a lo que el estrés les está diciendo. Otras pueden dar por terminada su relación de pareja o ir a parar a centros de recuperación para alcohólicos o drogadictos. Las personas con niveles más bajos de tolerancia, en cambio, normalmente empiezan a ponerle atención al estrés mucho más temprano; cuando, por ejemplo, se sienten abrumadas en el trabajo o cuando se dan cuenta de que están perdiendo el autocontrol ante sus hijos. Por último, están las personas que no toleran ningún grado de estrés, quienes sienten que es hora de desacelerar y volver a mirar la vida en perspectiva tan pronto comienzan a tener pensamientos negativos sobre sus amigos o sus familiares.

Cuanto menor sea nuestra tolerancia al estrés, mejor será nuestro funcionamiento psicológico. Cuando la meta es sentir el estrés lo más temprano posible, podemos, incluso, "destruirlo en germen" y regresar más rápidamente a un estado emocional más positivo. Es nuestra elección; en realidad, siempre tenemos una serie de opciones en cualquier situación. Cuanto más esperemos para desechar los pensamientos estresantes, más difícil nos resultará regresar a nuestro estado mental natural. A la larga y con la práctica, todos podremos llegar al punto en que reconozcamos con claridad nuestros pensamientos negativos antes que se nos "salgan de las manos" y nos perturben. No olvidemos que sólo un pensamiento nos separa del bienestar.

Esta nueva forma de entender el estrés no fomenta la pereza ni la apatía; en realidad, hace lo contrario. Cuanto más sosegados y contentos estemos interiormente y menos nos perturben nuestros pensamientos, más productivos y eficientes seremos en todos los aspectos de nuestra vida.

8

❧

La solución de problemas

El problema común, el suyo, el mío, el de todo el mundo,
no es fantasear sobre lo que sería justo en la vida,
— suponiendo que pudiera serlo — sino descubrir lo
que puede ser, y luego buscar la forma de hacerlo justo
en la medida de nuestras posibilidades.
— Robert Browning

Cuando tratamos de resolver cualquier problema en la vida
cualquiera que sea, es necesario tomar en consideración varios
puntos importantes. En este capítulo, analizaremos la forma de solucionar los problemas, valiéndonos de los conocimientos que ya tenemos sobre los cinco principios del funcionamiento psicológico sano.

Comúnmente, la gente cree que los problemas se solucionan a
través del cambio de las circunstancias o de un laborioso proceso

de pensamiento. Pero existe otra opción: solucionar los problemas con base en algunos conceptos que sobrepasan el problema particular y que se aplican a todos los problemas en general. Aquí aprenderemos a resolver los problemas observando inicialmente las limitaciones de estos enfoques típicos y, seguidamente, descubriendo la manera más eficaz de superar un problema o un acontecimiento doloroso.

Consideremos, por un momento, la noción de que una de las mejores maneras de resolver nuestros problemas es "cambiando nuestras circunstancias". Es evidente que todos tenemos en la vida momentos en los cuales se presentan circunstancias que están lejos de ser las ideales. Pero también es cierto que la visión que tengamos de nuestras circunstancias varía en relación directa con nuestro estado de ánimo y el nivel de nuestras emociones. Percibimos nuestras circunstancias en función del modo como nos sentimos. Cuando nuestro ánimo está en un nivel bajo, podemos llegar, por ejemplo, a ver nuestro matrimonio como una trampa o una carga. Pero cuando nuestro nivel anímico sube y estamos experimentando sentimientos positivos, nuestro matrimonio nos parece una excelente relación. En un mal estado de ánimo, nuestro trabajo nos puede parecer aburridor y hasta insignificante; mientras que en un estado de ánimo diferente, el mismo trabajo nos parece una forma satisfactoria y honrada de ganarnos la vida. En ambos casos (como en muchos otros) nuestras circunstancias no han cambiado en lo mínimo; lo que cambió fue el nivel de nuestro ánimo, de nuestro estado emocional. Cuando empezamos a ver la conexión que existe entre nuestros problemas y el estado de ánimo en que nos hallamos, entendemos que la respuesta a nuestros problemas no radica necesariamente en un cambio de las circunstancias. Al mejorar nuestro nivel anímico y emocional, no sólo percibimos la misma circunstancia bajo una luz absolutamente distinta, sino que encontramos respuestas para los problemas que no pudimos encontrar cuando estábamos mal de ánimo.

Recordemos que el estado anímico es el origen de la experiencia y no su efecto. En nuestros peores momentos emocionales, siempre tendremos la tendencia a ver problemas y a buscar su causa. Esto no nos sorprenderá cuando entendamos la influencia de los distintos estados de ánimo sobre nuestra percepción. Entonces sabremos que cuando nuestro nivel anímico sea bajo, será perfectamente normal encontrar problemas en todas partes; pero también sabremos esperar a sentirnos mejor, en vez de ponerles atención y confiar en nuestras emociones. Una vez que nos sintamos mejor, veremos nuestras circunstancias con una óptica bien diferente y encontraremos respuestas nuevas y frescas.

CAMBIO DE CIRCUNSTANCIAS Y SOLUCIÓN DE PROBLEMAS

Las circunstancias siempre son neutrales. Si fueran la causa de nuestros problemas, siempre nos afectarían de la misma manera, lo cual, por supuesto, no ocurre. Es importante recordar que son nuestros pensamientos y percepciones sobre las circunstancias lo que les da esa capacidad de alterarnos.

Supongamos, por ejemplo, que creemos que nuestra pareja nos critica mucho. En el modelo de solución de los problemas basado en el "cambio de las circunstancias", la única solución viable sería tratar de cambiar el comportamiento de nuestra pareja. Empezaríamos a hablar sobre las críticas, y nuestra pareja, que no está de acuerdo con nuestros puntos de vista, respondería: "Es que eres demasiado sensible". ¿Y ahora qué?

Segundo tiempo: volvemos a tocar el tema de las críticas, pero en esta oportunidad nuestra pareja no está tan filosófica y nos acusa de estar buscando pelea. "¿Te das cuenta? — respondemos —. Ya me estás criticando otra vez". Y así sucesivamente. A menos que logremos que nuestra pareja cambie (lo que por lo general es muy difícil), sencillamente no podremos resolver el problema.

Tomemos otro ejemplo típico. El problema es que pensamos que somos demasiado viejos o demasiado jóvenes para hacer algo. ¿Deseamos acaso cambiar las circunstancias? ¡Mala suerte! No es posible. ¿Y si el problema es de dinero (tal vez muy poco)? En ese caso sí es posible cambiar las circunstancias, pero ¿qué vamos a hacer mientras tanto? ¿Sentirnos desgraciados hasta que nuestra situación económica mejore?

En cada uno de estos ejemplos el problema se relaciona con el estado de ánimo. Cuando estamos de mal ánimo, nuestro cónyuge nos parece demasiado crítico y cada indicación que nos hace la tomamos como un ataque personal. Pero cuando mejora nuestro estado de ánimo, las mismas palabras de nuestro cónyuge no nos molestan para nada. Cuando estamos mal anímicamente, cualquier factor — por ejemplo, la edad, el sexo, la raza o la religión — puede inhibirnos y causarnos un daño injustificado. Pero cuando estamos de mejor ánimo, tenemos la capacidad de ver más allá de nuestras circunstancias y características personales y le sacamos provecho a lo que somos. Nos dedicamos a actividades más afines con nuestras circunstancias personales y en las sugerencias que nos hacen los demás captamos elementos de sincero interés por nosotros, en vez de sentirnos ofendidos.

Si el dinero es el problema, cuando estamos de mal ánimo nos parecerá que realizar cualquier actividad agradable o que valga la pena cuesta demasiado. Pero cuando nos sintamos mejor no pensaremos así y, en cambio, encontraremos cosas agradables para hacer a la medida de nuestro presupuesto, por apretado que sea. Cuando nos sentimos bien anímicamente siempre tenemos lo que deseamos: sentirnos bien. Las cosas de las que carecemos dejan de parecernos importantes y nos sentimos agradecidos por lo que tenemos. Seguimos tratando de alcanzar nuestras metas, pero esto no arruina nuestra vida; seguimos buscando lo que queremos, y al mismo tiempo disfrutamos de lo que ya tenemos.

La percepción de nuestras circunstancias individuales siempre cambia de acuerdo con nuestro estado anímico y nuestro nivel emocional. En consecuencia, aunque hay ocasiones en que lo apropiado es buscar un cambio positivo, ésta no es la única respuesta posible.

Casi todas las personas pasan por períodos en que sienten que "no les gusta lo que están haciendo". Sin embargo, muchas personas no se dan cuenta de que la mayor parte del tiempo sí disfrutan de su actividad. Debido a que confían en lo que sienten cuando están mal anímicamente, saltan de un empleo a otro, pensando que en el próximo se sentirán más satisfechas. Pero cuando vuelven a estar mal de ánimo, vuelven a sentirse incómodas con su nuevo empleo. Esta misma lógica se aplica a muchas otras situaciones.

Es muchísimo más fácil y práctico esperar a que cambie nuestro estado de ánimo, que esperar a que cambien nuestras circunstancias. Por eso lo lógico es aplazar la solución de nuestros problemas hasta que nos sintamos bien. En un mejor estado anímico, tenemos acceso a nuestra sabiduría y sentido común. Cuando nos sentimos bien, las respuestas nos parecen obvias, cosa imposible cuando estamos pasando por un mal estado de ánimo. El mismo cónyuge que nos estaba enloqueciendo una hora antes, ahora nos parece divertido; y encontramos nuevas formas de comunicarnos. Cuando estamos emocionalmente bien, hasta nos damos cuenta de que las variaciones de nuestro estado de ánimo siempre han contribuido a nuestras dificultades para comunicarnos.

Nuestra edad, que hace una hora (cuando estábamos de mal ánimo) nos preocupaba tanto, ahora ya no tiene ninguna importancia. En un mejor estado emocional, hasta somos capaces de inventarnos la manera de sacarle provecho a nuestra edad; incluso nos parece que tenemos habilidades excepcionales. Pero cuando estamos mal anímicamente, todo nos parece desesperanzado. Si el problema es el dinero, cuando estamos de buen ánimo encontramos nuevas maneras de obtener ingresos. Nos volvemos más creativos y perspicaces y apreciamos nuestras diversas aptitudes; incluso vemos opciones que no advertíamos cuando estábamos mal anímicamente.

Así pues, una de las claves para la solución de problemas es saber que "sentirse bien" es altamente práctico. Lo primero es sentirse bien; la solución del problema viene después. Esto es lo opuesto a "cambiar las circunstancias", donde la felicidad depende de ciertos resultados. Nuestra capacidad de resolver problemas está ligada directamente a nuestra aptitud para lograr acceso a nuestra sabiduría y sentido común, los cuales sólo se manifiestan cuando nuestro estado mental o emocional es positivo.

Sólo necesitamos recordar la multitud de veces que nuestras circunstancias cambiaron, para darnos cuenta, después, de que el cambio por sí mismo no es la clave de la felicidad o de la solución de los problemas. ¡Si lo fuera, ya todos seríamos felices y estaríamos libres de problemas! Pero no es así. Todos hemos vivido circunstancias que han representado alguna mejoría: hemos obtenido diplomas, trabajos, aprobación, ascensos, premios y otros honores que pensamos que nos iban a hacer felices. Pero poco después de obtenerlos, la felicidad se nos volvió a escapar y de nuevo empezamos a buscar otras maneras de cambiar nuestras circunstancias y de mejorar nuestra vida.

La forma de salir de esta trampa psicológica es entendiendo que los problemas se originan más en la manera como nos sentimos que en nuestras circunstancias. En el momento en que dejamos de tratar de cambiar nuestras circunstancias y nos concentramos en elevar el nivel de nuestro ánimo, nuestros problemas empiezan a esfumarse. Las personas que viven felices encuentran respuestas que nunca se les ocurrieron cuando estaban anímicamente mal. Estas personas son capaces de enfrentar cualquier reto, pues no desperdician energía intentando resolver problemas en estados de ánimo que no permiten esperar soluciones viables.

EL ANÁLISIS DE LOS PROBLEMAS

El método "analítico" al que con frecuencia recurre la gente buscando una solución para sus problemas implica que la forma de encontrar la solución es reflexionar intensamente sobre los problemas que enfrentamos en la vida. Según este modelo, cada vez que enfrentemos un problema, debemos reflexionar sobre él con el fin de entenderlo y analizarlo.

Sin embargo, tener un problema significa, por lo general, estar "varados" en una situación específica, y, por una u otra razón, no poder ver la salida. Esto ocurre porque las soluciones sólo se presentan cuando vemos las cosas con una óptica novedosa y fresca, que le permite a nuestra sabiduría surgir y hacerse cargo de la situación. Por paradójico que parezca, ¡necesitamos dejar de pensar en el problema para poder ver la solución! Necesitamos utilizar nuestro "transmisor" en vez de nuestro "computador". Al quedar despejada la mente de preocupaciones, las respuestas aparecen de una manera que jamás creímos posible. La sabiduría consiste en ver las mismas cosas de una manera distinta, de una manera novedosa y creativa.

A lo largo de este libro hemos aprendido que nuestros pensamientos se acrecientan en la medida que les prestamos atención, y que cuanto más pensamos en determinada situación, más real y temible nos parece. ¡Los problemas no son ninguna excepción a esta regla!

LA HISTORIA DE FRED

Fred era un paciente mío cuya principal preocupación era el dinero; creía que a pesar de todos sus esfuerzos, nunca había suficiente dinero para satisfacer las necesidades de su familia. Fred había pasado los últimos veinte años pensando con preocupación en esto, tratando de "dar" con una buena solución. Continuamente les daba vueltas a los mismos hechos en su cabeza, y cada vez que lo hacía quedaba abatido y frustrado.

La frustración no es el estado de ánimo más productivo; por el contrario, es quizás el menos provechoso en que podamos encontrarnos. Pensar acerca de algo cuando nos sentimos frustrados no da resultado, porque el problema está demasiado "cercano" a nosotros como para permitirnos encontrar una solución. Aunque bien intencionada, esa obsesión de Fred con el dinero le estaba creando más frustración, y no soluciones.

A medida que Fred comenzó a percatarse de que su propio pensamiento no le estaba ayudando, sino más bien perjudicándolo, resolvió tomar las cosas con calma y sosegar su mente. Al reducirse su confusión, encontró en su interior un estado emocional más positivo y las respuestas para sus problemas. Fred se dio cuenta de que siempre había sido capaz de resolver los problemas de dinero cuando simplemente dejaba de prestarles tanta atención.

Resultó que la "solución" radicaba en una afición que Fred había tenido durante muchos años. Con más tranquilidad mental y una perspectiva más amplia, pudo idear la forma de convertir esa afición en un negocio . . . y así lo hizo. En la actualidad, Fred tiene el dinero adicional que tanto necesitaba.

Prácticamente todos hemos vivido procesos similares al tratar de resolver los problemas que han surgido en nuestra vida. Un amigo mío llama a este proceso "el efecto bola de nieve": al pensar en el problema, éste crece en nuestra mente; al crecer, pensamos que el problema ha empeorado, porque lo vemos con más detalle y "más claramente". Debido a que ahora le vemos más aspectos que antes, el problema crece aún más, de modo que decidimos hablar de él con nuestros amigos y familiares. Bien pronto todos están de acuerdo. ¡Ahora sí tenemos realmente un problema!

Albert Einstein dijo una vez: "La solución de un problema nunca ocurre en el mismo nivel de comprensión en que apareció el problema". Pienso que lo que Einstein quiso decir es que debemos alejarnos del problema con el fin de encontrar la solución. Alejarnos es otra manera de decir: "Deja ya de concentrarte en este problema".

Probablemente todos hemos tenido la experiencia de pensar en algo obsesivamente, en un serio esfuerzo por hallar una respuesta. Pensamos y pensamos sobre el asunto y finalmente nos damos por vencidos. Entonces nos ponemos a mirar por la ventana y nos percatamos de la belleza del paisaje, o nos metemos en la bañera para darnos un baño relajante, y en ese preciso instante surge la respuesta: "¡Eso es! Ésa es la respuesta que he estado esperando", nos decimos con emoción. Tal como dije al principio de este libro, probablemente también todos hemos cometido el error de creer que el proceso de pensar obsesivamente es lo que, a la larga, produce la respuesta a nuestro problema. ¡Pero no es así! Es nuestra propia fuente de sabiduría — un lugar más allá del pensamiento — la que nos proporciona la respuesta gracias al sentimiento de satisfacción y relajación que experimentamos momentáneamente. Cuando conocemos los hechos y todos los datos que necesitamos, lo que en última instancia hacemos es abrirle el camino a una respuesta; es decir, ¡despejamos nuestro propio camino!

Este proceso de no pensar tanto en los problemas funciona a la maravilla en los matrimonios y en todo tipo de relaciones. He conocido parejas que durante años han discutido y tenido altercados por las mismas cosas. Cada uno de los cónyuges confesaba la gran cantidad de tiempo que dedicaba a pensar sobre lo mal que iba su matrimonio. Lamentablemente, ninguna de estas personas sabía que prestándoles atención a esos pensamientos estaba impidiendo que su relación mejorara, pues su foco de atención estaba dirigido hacia lo malo que era su matrimonio. Estas parejas habían pasado muchos años perfeccionando mentalmente el arte del mal matrimonio: habían repasado una y mil veces las mismas cosas, intentando "enderezar" mentalmente a la otra persona.

Casi sin excepción, las personas que conocen y entienden el proceso del pensamiento captan esta dinámica, y casi instantáneamente mejora su relación de pareja. Ese nuevo entendimiento no se basa en pretender que las cosas no nos molestan, sino en entender ante todo la razón por la cual algo nos molesta. Ese entendimiento tiene mucho que ver con la aplicación del sentido común a la solución de los problemas cotidianos.

NUESTROS PROBLEMAS SE CONVIERTEN EN UN IMPORTANTE TEMA DE CONVERSACIÓN

Concentrarnos en los problemas no es otra cosa que una mala costumbre. Estamos tan habituados a pensar sobre "lo que está mal", que nuestros problemas se han convertido en una importante fuente de conversación con los demás. Concentrarnos en lo que nos preocupa, sea lo que sea, no nos hace sentir mejor. Si sentimos que alguien nos ha tratado mal, hablar de ello no nos ayuda. Si tuvimos un mal día en la oficina o en la casa, pensar en ello no nos ayuda. Si las circunstancias nos parecen irremediables, dedicarnos a hablar de ellas no nos ayuda. Lo que sí nos ayuda es aumentar nuestro estado emocional positivo no centrándonos en los problemas ni dedicándoles la energía y atención que requieren para crecer en nuestra mente hasta parecernos cada vez peores. Esto no lo hacemos para evitar enfrentar los problemas, sino para abrir el espacio que las soluciones requieren para surgir.

SU "DESVÁN" LE DARÁ LA RESPUESTA

A veces solucionar un problema significa tener que encontrar la respuesta a una pregunta que tenemos en la mente. Quizá debemos tomar una decisión importante o elegir entre dos posibilidades aparentemente iguales. Usemos nuestro "desván" para ayudarnos a encontrar la respuesta.

Todos tenemos acceso al "desván", un lugar tranquilo en el fondo de nuestra mente, donde las soluciones nacen y se desarrollan sin la interferencia de un excesivo pensamiento. Utilizar este depósito de ideas es bastante sencillo: Primero nos decimos que necesitamos encontrar la respuesta a cierta pregunta en determinado plazo. Seguidamente, en vez de "devanarnos los sesos" buscando la respuesta, olvidamos deliberadamente todo, y automáticamente, como por arte de magia, aparece en nuestra mente la tan deseada respuesta. Es posible que quedemos gratamente sorprendidos, pues por lo general la respuesta que se obtiene de este modo es mucho mejor que la que se encuentra actuando de otra manera. Ensayemos este procedimiento: ¡nos alegrará hacerlo!

Utilicemos esta técnica cuando, por ejemplo, estemos tratando de decidir a dónde ir en vacaciones. Averigüemos los datos, incluso los de los costos, y luego propongámonos tomar la decisión en el curso del día. En ese momento olvidémonos de las vacaciones y de toda la información; nuestro "desván" se encargará de procesar los datos y muy pronto saldrá a la superficie la respuesta.

EL "FACTOR TIEMPO" EN LA CURACIÓN DE EXPERIENCIAS DOLOROSAS

Si nos ponemos a pensar cómo supera la gente sus problemas, vemos que la mayoría confía en el "paso del tiempo". Se nos ha enseñado que "el tiempo cura todas las heridas", y aunque ello puede ser en parte cierto, es importante entender la verdadera naturaleza del paso del tiempo. Cuando entendemos este concepto, se reduce significativamente el tiempo que transcurre entre el hecho doloroso y nuestra mejoría.

Si diez personas sufrieran la misma experiencia dolorosa o traumática, cada una la olvidaría en un lapso diferente. Supongamos que estas diez personas se encuentran en un banco durante un asalto y que, aunque los delincuentes no les roban nada, sí las amenazan con un arma mientras abren la caja fuerte.

Algunas de esas personas (probablemente pocas) "se sacudirían de encima" el incidente, tomándolo como un caso de mala suerte, y después de cumplir las diligencias de rigor ante la policía volverían a sus quehaceres habituales. Ellas agradecerían, además, el hecho de haber salido ilesas de tan desagradable incidente. Otras personas seguirían asustadas durante días o incluso semanas, y necesitarían ausentarse del trabajo y cancelar compromisos durante un tiempo. Habría también quienes simplemente "no podrían olvidar" la experiencia, a la cual le atribuirían la inquietud que sienten. Estas personas podrían demorar años en "volver a la normalidad"; hablarían sobre el incidente, se concentrarían y pensarían en él, se desvelarían por las noches y hasta buscarían la ayuda de un especialista en salud mental. Ellas dirían algo así como: "Toma mucho tiempo superar algo tan traumático".

¿Cuál es el motivo por el que algunas personas pueden sacarse de la cabeza las experiencias infortunadas, mientras que otras se dedican a pensar en ellas y las utilizan como excusa para inhibir e inmovilizar su vida? La respuesta es que algunas personas entienden mejor que otras los procesos del pensamiento y la memoria. Hay quienes entienden que cuando pensamos en algo, sea pasado o futuro, nuestro pensamiento le imprime vida a aquello en lo que pensamos, como si estuviera ocurriendo en ese mismo momento. Cuanto más nos fijemos y nos concentremos en el pensamiento, más real nos parecerá.

Dejar que el tiempo transcurra para poder "superar" algún hecho doloroso no tiene otro sentido que ayudarnos a olvidar ese acontecimiento. No hay lapsos preestablecidos para olvidar las experiencias difíciles. Cuando entendemos la dinámica del pensamiento, nos damos cuenta de que un recuerdo es sólo un recuerdo, haya sucedido ocho años u ocho minutos atrás. Si el paso del tiempo fuera el factor determinante, todo el mundo superaría el dolor en el mismo lapso; pero sabemos que no es así.

Entender esta dinámica tiene inmensas implicaciones prácticas. A pesar de que alguna vez nos hayamos impuesto un plazo artificial para recuperarnos de alguna situación, ahora podemos ver que somos nosotros mismos quienes determinamos cuánto tiempo, mucho o poco, demoraremos en recuperarnos. Si, por ejemplo, tuvimos una pelea con alguien, no existe un plazo determinado para que la situación se arregle y todo quede olvidado. Si, por lo general, demoramos una semana en olvidar una discusión, esto significa que dejaremos de pensar en ella una semana después de haberse presentado. Pero, en vista de que el incidente ya pasó y ahora sólo está en nuestra mente, podríamos dejar de prestarles atención a nuestros pensamientos sobre esa discusión diez minutos después que hubiera terminado, si así lo deseáramos. Cuando hemos experimentado lo agradable que es vivir en un estado mental positivo, cada vez nos parece menos atractivo aferrarnos a los pensamientos negativos.

¿Qué pasa con los problemas que se relacionan con el pasado?

Si nuestros viejos problemas y heridas son reales sólo en nuestra memoria, ¿por qué tienen que seguir inmovilizándonos en el presente? ¡No tienen que seguir haciéndolo! Cualquier situación dolorosa por la que hayamos atravesado — padres dominantes, un divorcio, dificultades económicas, abuso sexual cuando niños, o cualquier otra cosa — no tiene por qué impedir que disfrutemos de la vida ahora, si entendemos que es nuestra memoria la que nos está haciendo revivir esos acontecimientos, y nada más que nuestra memoria. Si aprendemos a dejar de asustarnos con nuestros propios pensamientos, nos encaminaremos hacia una vida más feliz, cualesquiera que sean las situaciones por las que tuvimos que pasar. Lo que nos libera de las circunstancias del pasado no es el correr del tiempo, sino nuestra capacidad para olvidar los problemas, que a su vez se basa en nuestra comprensión del proceso del pensamiento.

Si para poder superar las dificultades dependemos exclusivamente del paso del tiempo y no de nuestra voluntad y capacidad para pensar (o para no pensar), habremos establecido una relación de "causa y efecto" entre el tiempo que transcurre desde que se presenta un problema y su solución. Si creemos que se necesita una cantidad predeterminada de tiempo para recuperarnos de un acontecimiento doloroso, estaremos asegurando nuestra desdicha, pues en la vida seguirán presentándose situaciones que están fuera de nuestro control. Cuando establecemos plazos arbitrarios, validamos la creencia de que debemos temerles a nuestros pensamientos y de que somos víctimas de nuestro pasado y de lo que pensamos acerca de él. No obstante, no tiene por qué ser así.

Existe una diferencia importante entre entender el pensamiento y "negarlo". Entender nuestra capacidad para pensar nos permite observar que el "pensamiento" en sí mismo es inocuo, y que el hecho de que algo venga a la mente no lo hace necesariamente digno de preocupación. Por otro lado, la negación implica algo así como "suponer" que no estamos pensando, o que el problema no nos inquieta. Entre estos dos aspectos no existe relación alguna, porque cuando entendemos el proceso del pensamiento nos liberamos de sus efectos adversos, mientras que cuando negamos que estamos pensando sobre algo que nos está mortificando, seguimos sintiendo el efecto de los pensamientos que estamos negando. No se trata de pensamientos de escape, sino sólo de comprensión.

Una vez más podemos notar la importancia del sentimiento de felicidad, ese sentimiento de paz y satisfacción que proviene de una mente serena. En ese estado positivo, solucionar los problemas es un proceso muchísimo más fácil de lo que nunca imaginamos.

9

❧

La felicidad

*Las personas son tan felices
como deciden serlo.*
— Abraham Lincoln

La felicidad es un estado mental, no un conjunto de circunstancias. Es un sentimiento de serenidad que podemos experimentar y disfrutar siempre, y no algo que debamos buscar. En realidad, la felicidad nunca se puede encontrar "buscándola", pues, si así lo hiciéramos, estaríamos dando a entender que se encuentra fuera de nosotros. La felicidad no está fuera de nosotros; es un sentimiento, la manera natural como se siente el innato funcionamiento psicológico saludable. Cuando entendamos y aprendamos a fluir con nuestro propio funcionamiento psicológico, tendremos acceso a ese lugar de nuestro interior donde la serenidad ya existe. Entonces podremos dejar de esforzarnos por ser felices y, simplemente, ser felices. Aun cuando nuestras circunstancias estén lejos de ser perfectas, podremos tener acceso a ese sentimiento de alegría, porque éste se encuentra dentro de nosotros, y no en el exterior.

Pero si, por el contrario, no comprendemos nuestro funcionamiento psicológico, no lograremos ser felices aunque las circunstancias de nuestra vida sean maravillosas. Seguiremos poniéndoles atención a nuestros pensamientos negativos, como lo hemos hecho en el pasado, y seguiremos sintiendo los penosos efectos de nuestra forma de pensar.

Los principios expuestos en este libro apuntan directamente hacia la felicidad. Nos ofrecen elementos para que entendamos cómo mantener sincronizada nuestra mente con los sentimientos de felicidad, y nos advierten lo fácil que es desviarnos de ese estado si no abandonamos nuestros pensamientos negativos y permitimos que éstos nos produzcan "ataques de pensamiento".

LA FELICIDAD ESTÁ AQUÍ Y AHORA

La felicidad está en el momento presente; aquí y ahora. Es connatural al ser humano; se presenta cuando desviamos nuestra atención de los problemas y preocupaciones y le permitimos a nuestra mente reposar y quedarse aquí, en el momento actual. Cuando digo "reposar" no me refiero a la pereza o a la apatía, sino a dejar que la mente reciba la información y la deje fluir hasta que salga, sin someterla a análisis alguno. Si recibimos de este modo la información y los estímulos externos, podremos mantenernos en un estado emocional positivo y ser felices con las tareas que estamos realizando.

Cuando hayamos comprendido nuestro propio funcionamiento psicológico, sabremos que una mente que descansa no es una mente perezosa, sino inteligente. No es cuando estamos angustiados sino, por el contrario, cuando estamos emocionalmente bien, cuando pueden surgir nuevas respuestas para viejos problemas. La felicidad nos permite ver la información de manera novedosa y creativa, a la vez que nos ayuda a tomar decisiones oportunas, racionales y productivas. Este sentimiento nos permite gozar (más que forcejear con ellos) los flujos y reflujos de la vida, y hace que nuestra sabiduría y nuestro sentido común se manifiesten.

Plantearse teorías sobre los motivos por los cuales somos (o nos comportamos) de cierta manera, o profundizar en el pasado para poner al descubierto recuerdos dolorosos no se traduce en felicidad. Por el contrario, nos aleja de ella y de la dirección hacia la cual deseamos encaminarnos. Pensar demasiado sobre nuestro pasado y nuestros problemas nos convencerá de que tenemos, efectivamente, buenas razones para sentirnos amargados y desdichados.

Pero no queremos ser infelices, y nuestro pasado quedó atrás; es un recuerdo inocuo que, gracias a nuestro pensamiento, se ha manifestado después de tanto tiempo. En su época el pasado fue real, pero ya no lo es. Podemos aprender del pasado, pero es un error regresar continuamente a él o analizar exhaustivamente la vida tratando de encontrar la felicidad. Si esto sirviera, ¡seríamos felices desde hace mucho tiempo! ¿Cuántas veces hemos buscado a través de nuestros pensamientos el camino de la felicidad, sin encontrarlo?

¿Cuál de estas dos personas preferiría ser: la persona A, cuyo pasado fue doloroso pero que ha llegado a entender el pensamiento y sus efectos, o la persona B, cuya infancia fue casi mágica y quien ahora se dedica a pensar en los pocos aspectos de su pasado que no fueron perfectos y cree en esos pensamientos hasta el punto de dejarse deprimir por ellos? A pesar de su pasado, la persona A se siente feliz y lleva una vida completamente funcional, mientras que la persona B vive atormentada, no por su vida actual, sino por esos pensamientos que toma demasiado en serio. A pesar de llevar una vida aparentemente maravillosa, la persona B está destinada a vivir muchos años de infelicidad, terapias y tranquilizantes.

Si pensamos demasiado o hablamos con nuestros amigos sobre la manera como alguien "nos ha agraviado", no nos sentiremos felices. Si pensamos a cada momento en lo mucho que nuestra vida mejorará cuando nuestros hijos hayan crecido, o cuando nos hayamos casado, tampoco nos sentiremos felices. Esto no significa que no podamos o no debamos pensar en estas (u otras) cosas; pero si nos obsesionamos con estos pensamientos, estaremos sacrificando ese poderoso sentido del bienestar, el sentimiento natural de felicidad con el cual nacimos y al cual todavía tenemos acceso.

LA FELICIDAD Y EL DESEO

Tener expectativas es mejor que sentirnos ansiosos, pero ninguna de estas dos condiciones es sinónimo de felicidad. Está bien pensar en el futuro y ponernos metas, pero no hay que cometer el error de confundir estos pensamientos y metas con el sentimiento descomplicado e incondicional propio de la felicidad: ese sentimiento de gratitud que experimentamos aquí y ahora, gracias a ninguna razón distinta del hecho de estar vivos.

A menudo vivimos un momento de felicidad justamente después de haber obtenido algo que deseábamos. Al contrario de lo que comúnmente se cree, esto no ocurre por haber satisfecho un deseo, sino por haber alejado nuestra atención de aquello de lo cual carecíamos. Pero tan pronto volvemos a concentrar nuestra atención en algo que deseamos o que nos hace falta, perdemos la sensación de bienestar y nos empezamos a sentir nuevamente descontentos. La mente comienza de nuevo a buscar algo ajeno a nosotros que le proporcione satisfacción, perpetuándose de esta manera el ciclo de la infelicidad.

Si obtener lo que deseamos — cualquier cosa — fuera la causa de la felicidad, ya todos seríamos felices. Pero recordemos las incontables veces que obtuvimos lo que queríamos y, sin embargo, no nos duró la felicidad. No estoy hablando de no tener metas o deseos; pero la felicidad debe ser lo primero. Cualquier logro distinto de ella es bienvenido y maravilloso, pero, por sí solo, un deseo satisfecho no genera felicidad.

FELICIDAD VS. CATARSIS

A veces hacemos intentos desafortunados por encontrar la felicidad hablando sobre "lo que está mal" y pensando que el alivio temporal que sentimos se debe a la "catarsis". Esto puede ocurrir al desahogarnos diciendo algo que nos preocupaba, o al tener una discusión con un amigo. De repente, todo lo que nos perturbaba se ha ido, nuestra mente se despeja por un instante y nos sentimos mejor. Pero éste es un proceso parecido al de golpearnos la cabeza contra una pared para luego, al detenernos, sentirnos mucho mejor. Sin duda alguna nos sentiremos mejor, pero ¿no habría sido mucho más lógico no golpearnos la cabeza desde el comienzo? La diferencia entre felicidad y catarsis es la siguiente: una persona feliz desechará los pensamientos negativos sobre su amigo, porque sabrá que esos pensamientos van y vienen con las oscilaciones de su estado de ánimo. Además, siempre tendrá la opción de hablar con su amigo más tarde, si es que sus pensamientos son válidos, pero la mejor solución por el momento es despejar la mente y disfrutar de la compañía del amigo. Desea sentirse feliz y no quiere alterar los buenos sentimientos que existen en esa amistad.

Por su parte, una persona que confía en la catarsis se desahogará lo más pronto posible; ha tenido algunos pensamientos negativos sobre su amigo y siente que es importante "liberarlos". Para esta persona, es muy importante ser honesto con sus sentimientos; cualquiera que sea el nivel de su estado de ánimo, ha tenido pensamientos negativos sobre su amigo y debe comunicárselo de inmediato. Esta persona desea salir de eso ya; desea "tener la razón".

"PERO SI SÓLO ESTOY SIENDO HONESTO CON MIS SENTIMIENTOS"

Ser honesto con los propios sentimientos es algo relativo. ¿Estamos siendo honestos mientras nos sentimos mal de ánimo, cuando nuestros pensamientos nos están perturbando, o estamos siendo honestos desde un estado de felicidad y sabiduría? Hacer esta distinción reviste gran importancia, porque nuestra vida y todo lo que hay en ella se ve drásticamente distinto según sea nuestro nivel de bienestar. He conocido a muchas personas (entre ellas a mí mismo) campeonas en pensar que estaban "siendo honestas", sólo para descubrir que la "honestidad" es un concepto bastante relativo. Las mismas cosas que nos atormentan cuando estamos de mal ánimo no nos preocupan un ápice cuando nuestro estado anímico es mejor y más placentero.

Mientras no entendamos este concepto, sentiremos la necesidad de reaccionar ante cada pensamiento negativo que nos cruce por la mente... en nombre de la honestidad. Sin embargo, podemos dejar de reaccionar ante el negativismo y esperar a que surja un sentimiento más positivo, antes de actuar basándonos en nuestros pensamientos. Si podemos esperar, notaremos que todos, o por lo menos muchos, de nuestros pensamientos negativos se disiparán y nos sorprenderemos diciéndonos cosas como: "¡Qué tonto fui! Juan no es tan mala persona; ¿en qué estaría pensando yo?". Notaremos también que nuestra mente se aclara y que la sabiduría y el sentido común vuelven a estar a nuestra disposición para tomar decisiones.

NO LE PONGA CONDICIONES A LA FELICIDAD

La felicidad no se presentará mientras situemos su origen fuera de nosotros. Cuando suponemos que se deben cumplir ciertas condiciones antes que podamos ser felices, ya es demasiado tarde para experimentar ese sentimiento. Casi todos vivimos momentos pasajeros de felicidad, pero se nos esfuman casi sin darnos cuenta. No reconocemos la felicidad y, sin proponérnoslo, dejamos que nuestros pensamientos nos la arrebaten. Esto nos sucede porque siempre tratamos de "encontrar" la felicidad por fuera de nosotros mismos.

Cuando le ponemos condiciones a la felicidad no podemos disfrutar de ella, porque el proceso mental que condiciona la felicidad a ciertos resultados se repetirá tan pronto éstos se hayan logrado. Una mujer que crea que "casarse" le dará la felicidad, se impondrá el logro de nuevas condiciones cuando ya esté casada. Quizá crea que los hijos son la respuesta, o comprar una casa, u obtener un ascenso en el trabajo, o cualquier otra cosa. Cuando se establece esa tendencia, pocas personas se preguntan por qué da tan escasos resultados: ¿Por qué no somos felices todavía?

Cuando somos capaces de reconocer el sentimiento de felicidad mientras está presente, nos damos cuenta de que eso es lo que habíamos estado buscando toda la vida. Porque ese sentimiento no nos conduce a ninguna parte; no es el medio para lograr un fin, sino el fin en sí mismo. Si la futura novia entendiera que la felicidad se origina en ella misma, podría tomar la decisión de casarse o no casarse con base en su sabiduría y no en sus carencias. Si ya es feliz, su relación matrimonial también será feliz; y si la pareja decide tener hijos, estos crecerán en un ambiente feliz sin la presión de tener que ser la "fuente" de la felicidad de su madre. Lo mismo se aplica a todos los aspectos de la vida de cualquier persona feliz, porque la felicidad engendra una existencia feliz y una manera gozosa de ver la vida.

No nos será posible conservar la felicidad mientras ella dependa de un ritual o de una técnica. Si depende de "hacer algo bien", con frecuencia nos sentiremos decepcionados. Conozco a mucha gente que dice: "Estoy haciendo todo debidamente. ¿Por qué soy, entonces, tan desdichado?" Los motivos son siempre los mismos. Si su "técnica" consiste en hacer ejercicio, ¿qué sucede si no puede hacerlo? Además, y esto es lo más importante, el ejercicio no es la felicidad; si lo fuera, todas las personas que hacen ejercicio serían felices todo el tiempo . . . pero no lo son. Esto no quiere decir que las técnicas sean malas; por el contrario, son útiles por muchas razones. Sin embargo, las técnicas en sí mismas no tienen el poder de hacernos felices. Pueden ayudarnos a lograr ciertas metas, pero no pueden generar en nosotros el sentimiento de felicidad.

LA FELICIDAD ES UN SENTIMIENTO
Y NO UN RESULTADO

Cuando entendamos que la felicidad no es más que un sentimiento, podremos ayudarlo a crecer y podremos conservarlo cada vez que lo experimentemos. Al centrar nuestra atención en el sentimiento de felicidad, notaremos que nuestra mente está relativamente despejada y nuestro pensamiento es difuso. Si es que estamos pensando, sólo será acerca de la tarea que tenemos entre manos; no será sobre los resultados de ésta ni estaremos autoevaluándonos. No se trata de que no pensemos; de hecho, en estas condiciones emocionales tenemos total acceso a nuestros mejores pensamientos, que no son más que el reflejo de nuestra sabiduría y sentido común. En estas condiciones anímicas, nuestra mente queda libre y deja de concentrarse intensamente en el contenido de cada pensamiento.

En este estado anímico (que está al alcance de cualquier persona en cualquier momento), podemos conservar la felicidad aunque a nuestro alrededor las cosas no sean perfectas. La felicidad es un sentimiento y no un resultado; aprendamos hacia dónde debemos mirar y podremos conservar este sentimiento en vez de dejarlo pasar y seguir buscándolo por todas partes.

Cuando sintamos felicidad, no pensemos en ella; si lo hacemos, desaparecerá. Si entendemos la dinámica de nuestra mente, esto no será ningún problema. Cuando reconozcamos la presencia de la serenidad en nuestra vida, ella nos acompañará cada vez durante más tiempo; y cuando perdamos ese sentimiento, cada vez podremos recuperarlo más rápidamente. La clave es entender esta dinámica y no pensar en ella. Simplemente reconozcamos este sentimiento sin analizarlo. Pensar siempre requiere esfuerzo, aunque sea poco; en cambio, sentir felicidad no requiere ningún esfuerzo. De hecho, se trata más de abandonar la infelicidad que de perseguir la felicidad. "Abandonar" en el sentido de retirar la atención de aquello en que estemos pensando — no enérgica sino suavemente.

La expresión "La felicidad proviene de nuestro interior" es un lugar común, pero es la verdad. La felicidad es el camino, es la única respuesta que necesitamos. Cuando entendamos nuestros propios procesos mentales, empezaremos a percibir y a sentir con toda naturalidad la belleza de lo que rodea nuestra vida. Cuando prevalezcan en nosotros los sentimientos positivos, lo que una vez fue motivo de preocupación y afán ahora nos parecerá insignificante, y las cosas sencillas y bellas que durante tanto tiempo ni siquiera captamos — los niños jugando, la brisa fresca, las personas ayudando a los demás — ahora empezaremos a verlas con ojos de aprecio. Cuando hagamos de la felicidad nuestra meta, la experimentaremos a pesar de todo lo que nos rodea. Cuando entendamos cómo encontrar la alegría, dejaremos de abrigar pensamientos que nos alejen de tan extraordinaria meta.

La felicidad es ahora; la vida no es un ensayo para una fecha posterior sino que tiene lugar aquí y ahora. Esa condición invisible de la felicidad que todos hemos buscado a lo largo de la vida, está a nuestra disposición aquí mismo, en un simple sentimiento.

10

❧

Hábitos y adicciones

*Un hábito es un pensamiento
que hemos aceptado como verdadero.*
— Richard Carlson

En el libro *Todo lo que como me adelgaza,* expuse la manera como un hábito específico (comer en demasía) se convierte en un problema. Mi intención aquí es más general: espero que al terminar este capítulo, el lector comprenda los hábitos de una manera benéfica para él, sean cuales sean. Empleo las palabras hábito y adicción de manera intercambiable, para describir cualquier comportamiento que preferiríamos no tener, en caso de poder elegir. En vista de que todos los hábitos se originan de la misma manera, hablar de uno en particular no tiene sentido. Lo que sí es importante es empezar a ver de dónde proceden y los mecanismos más eficaces para eliminarlos como fuente de zozobra en nuestra vida.

La felicidad es un sentimiento positivo que existe en nuestro interior, y en este libro hemos expuesto algunas maneras de eliminar las barreras psicológicas que nos impiden experimentarla. Cuando permanecemos en ese estado mental positivo, nos acompaña un sentido de equilibrio y de calma; y cuando lo perdemos, tratamos, a sabiendas o no, de recuperarlo. La dinámica del funcionamiento psicológico sano nos señala que la mejor manera de rescatar ese sentimiento positivo es deshaciéndonos de los pensamientos que nos lo están arrebatando. Cuando no entendemos la dinámica de nuestro funcionamiento psicológico, inocentemente tratamos de recuperar el sentimiento positivo recurriendo a fuentes externas, lo cual se puede convertir en el comienzo de un mal hábito. Algunos sustitutivos comunes para el estado anímico positivo son el alcohol, las drogas, el cigarrillo, la comida, el ejercicio, los juegos de azar, el sexo y el trabajo. Otros más sutiles son las discusiones, la agresividad y la búsqueda de aprobación.

VIVA CON SERENIDAD

Independientemente de que seamos adictos a la búsqueda de aprobación, al alcohol o a cualquier otra sustancia, el primer paso hacia la recuperación es establecer la serenidad en nuestra vida. Sentirnos serenos o satisfechos es la base del cambio positivo; mientras que la inseguridad, condición opuesta a la serenidad, es el caldo de cultivo de las adicciones. Cuando disfrutamos de serenidad, es posible y agradable eliminar los malos hábitos, pero sin ella el cambio es difícil, cuando no imposible. En consecuencia, cualquier intento de liberarnos de una adicción sin antes llegar a sentirnos satisfechos con nuestra propia vida es como intentar desaguar un barco que está naufragando; se puede permanecer a flote, pero sólo a costa de un esfuerzo constante y absurdamente difícil.

No es exagerado insistir en la necesidad innata que tiene todo ser humano de experimentar sentimientos positivos en su vida; yo creo que ésa es la parte más importante de mi vida. Sin un estado mental positivo, me siento vacío y solo, no tengo nada y soy capaz de hacer cualquier cosa, incluso hasta el extremo de causarme daño a mí mismo o a los demás, con tal de llenar ese vacío. Tal vacío es el origen de toda adicción y de todo hábito, y así como la causa de todas las adicciones es la misma, también lo es la solución. La mía es tener acceso a mi funcionamiento psicológico sano: ese sentimiento de satisfacción y armonía que me recuerda que ya tengo todo lo que deseo en la vida.

Siempre es posible encontrar el origen de nuestros malos hábitos en nuestros propios pensamientos. Así, si pensamos, por ejemplo, en comida, nuestros pensamientos crearán en nuestro interior un impulso apremiante que debe ser satisfecho, en este caso, comiendo.

ALEJE LA ATENCIÓN
DE SUS HÁBITOS

El sentido común nos dice que cuanto más pensemos en algo, más crecen esos pensamientos en nuestra mente y más reales se vuelven. Sin embargo, a pesar de lo que indica el sentido común, muchos centros de recuperación y muchos especialistas en adicciones impulsan a sus pacientes a pensar casi exclusivamente en su adicción. Hacen que el paciente, y las personas que lo rodean, recuerde su problema muchas veces al día; le aconsejan pensar y hablar sobre lo que es ser adicto.

La razón por la que muchos especialistas en adicciones nos impulsan a centrarnos en nuestro problema (el hábito) es evitar que neguemos que en realidad tengamos un problema. Sin embargo, aunque este método permite que tal objetivo se logre con frecuencia, centrar nuestra atención en el problema o el hábito hace que éste crezca en nuestra mente y parezca mucho más difícil de superar. Así pues, aunque concentrarnos en el hábito impide que lo "neguemos", tal esfuerzo nos conduce, al mismo tiempo, a validar la severidad y la complejidad de nuestro problema, lo que a su vez nos confirma lo difícil que será superarlo.

Casi todas las personas con exceso de peso presentan un común denominador: la comida siempre está en su mente. A la larga, la mayoría de los programas para perder peso no tienen éxito porque animan a los participantes a concentrar su atención en la comida: qué comer, cuándo comer, cómo comer, dónde comer y cuánto comer. Sin embargo, con el fin de perder peso, lo que debemos hacer es alejar la atención de la comida. Ésta debe estar menos tiempo en nuestra mente, y no más tiempo. Lo mismo se le aplica a cualquier hábito. Si pasamos todo el día pensando en el cigarrillo, será sumamente difícil no fumar. Si alguien no deja de pensar en lo mucho que le desagrada su cónyuge, le será difícil sentir amor cuando llegue a su hogar. Nuestra energía siempre sigue a nuestra atención; si nuestra atención se dirige a la comida, allá irá nuestra energía.

Hay un viejo adagio que dice: "No hay que echarle leña al fuego". Si los hábitos son el fuego, pensar en ellos es la leña. Cuanto más leña le echemos al fuego, más crecerá y más difícil será apagarlo después. Así ocurre con los hábitos: cuanto más pensemos en ellos, más se agravan.

No es mi intención ni me corresponde hablar despectivamente de los centros de recuperación ni de los programas de tratamiento. Hay muchos centros y programas excelentes en el mundo, que están ayudando a millones de personas con toda clase de adicciones. Sin embargo, yo les añadiría algo a esos programas: en la recuperación, la dimensión que conduce a liberarse del hábito negativo es la que incluye educación sobre la salud mental y sobre los sentimientos positivos de satisfacción y bienestar, además de los conocimientos sobre los patrones de la adicción.

Hay una forma de librarnos de nuestros hábitos sin negar que los tenemos: se trata de entender la manera como el pensamiento se nutre a sí mismo hasta convertirse en una realidad en nuestra mente, y de entender, además, cómo podemos lograr con más frecuencia un estado mental de mayor armonía y serenidad.

Los centros de recuperación y los especialistas en adicciones tienen razón cuando afirman que es necesario tomar la decisión de romper el hábito, en particular cuando es grave. Pero este propósito no se debe reflejar momento a momento y día tras día; es más bien un compromiso profundo y sereno, que debemos hacer con nosotros mismos, de detener una fuerza que está destruyendo nuestra vida. Es saber interiormente que ahora es el momento de parar. Tomar esta resolución personal significa que, no sólo no estamos negando nuestra dificultad, sino que nos encontramos en camino de liberarnos de ella.

FELICIDAD, DECISIÓN Y ENTENDIMIENTO

Los ingredientes necesarios para romper cualquier hábito son felicidad, decisión y entendimiento. La felicidad es el terreno que posibilita la recuperación; la decisión es el compromiso interior que nos señala una meta, y el entendimiento es el vehículo que nos lleva a nuestro destino.

Entender nuestro propio funcionamiento psicológico nos permite pensar acerca de cualquier cosa, incluso sobre un hábito que se nos ha convertido en un problema, sin tomar nuestros pensamientos con tanta seriedad como para asustarnos. Si adquirimos la habilidad de asistir al transcurso de nuestros pensamientos sin dejarnos absorber por ellos, seremos capaces de mantener la compostura y de ser cautelosos cuando nos encontremos mal anímicamente. Aprovechemos nuestros sentimientos negativos utilizándolos como una señal de alarma; ellos nos advierten que estamos pensando de modo disfuncional y que podemos estar dirigiéndonos hacia la desdicha o hacia la adquisición de hábitos destructivos.

A través de este libro, hemos aprendido sobre la naturaleza verdaderamente inofensiva de nuestros pensamientos: pensar es un don, una magnífica facultad que poseemos. Sin embargo, no necesitamos tomar la función de pensar, ni el contenido de nuestros pensamientos, con demasiada seriedad. Para que los hábitos no nos perjudiquen, debemos tomarlos simplemente como pensamientos que estamos aceptando, innecesariamente, como si fueran realidad. Nunca debemos asustarnos con nuestros propios pensamientos.

En este punto he completado el ciclo de mi exposición inicial sobre el pensamiento. Ahora que entendemos la naturaleza potencialmente inocua y arbitraria del pensamiento — el hecho de que es algo que hacemos todo el tiempo —, podemos dejar de sentirnos víctimas de él y, en cambio, definir la relación que queremos mantener con nuestro pensamiento. ¿Consideramos, acaso, que pensar es una facultad que le confiere significado a nuestra vida, o creemos que nuestros pensamientos son una "realidad" que debe producirnos temor y ante la cual es preciso actuar? La respuesta a esta pregunta determinará nuestra eficacia para eliminar los hábitos como fuerza destructiva en nuestra vida. Cuanto mayor sea nuestro grado de comprensión, más fácil será eliminarlos.

El dominio y la comprensión que tengamos de esta dinámica nos permitirá levantar las barreras psicológicas que nos están impidiendo disfrutar de nuestro estado más natural: aquél en el que prevalecen la satisfacción y la serena alegría.

11

❧

Cuestionario de autoevaluación

Si estamos experimentando algo distinto de la satistisfacción que procede del conocimiento y la comprensión de nuestra forma de funcionar, puede resultar útil que nos hagamos las siguientes preguntas.

1. *¿Es mi vida realmente tan mala como me parece, o estaré sencillamente mal de ánimo?*

Nuestro estado de ánimo es la fuente de nuestra experiencia, y no el resultado de ésta. Si nos sentimos descontentos, nuestra vida nos parecerá peor de lo que en realidad es. Si estamos desanimados, lo mejor es detener nuestros pensamientos y alejar nuestra atención de aquello en lo que esté centrada; esperar a que pase el mal momento anímico y buscar un sentimiento más positivo. ¡Muy pronto, la vida y todo lo que hay en ella se verán de otro color!

2. *¿Será que en mi búsqueda de la felicidad estoy siguiendo el camino de la infelicidad?*

Si quisiera ir desde San Francisco hasta Nueva York, tendría que dirigirme hacia el oriente, porque si tomara hacia el sur llegaría a Los Ángeles, que no es donde yo quería ir. El mismo principio se puede aplicar a la búsqueda de la felicidad. Si a menudo nos damos cuenta de que estamos pensando o hablando en términos negativos, nos hallamos en el camino errado, si lo que estamos buscando es la felicidad. No vale la pena abrigar ni defender ningún pensamiento que nos impida sentirnos bien. Si nuestra meta es ser felices, sigamos los sentimientos de felicidad, no los de infelicidad.

3. *¿Estaré poniendo mis opiniones por encima de mis sentimientos positivos?*

Hagámonos la siguiente pregunta: "¿Qué prefiero: tener razón o ser feliz?" No vale la pena defender nuestras opiniones cuando las tomamos con tanta seriedad que nos producen sentimientos de desdicha. Es posible mantener con firmeza nuestras creencias dentro de un estado emocional positivo, y tengamos en cuenta que nuestras opiniones serán más respetadas por los demás, cuando demostremos un estado de ánimo positivo.

4. *¿Estaré reaccionando al mal estado de ánimo de otra persona?*

Es fácil olvidar que todos los seres humanos experimentamos oscilaciones en el estado de ánimo. Si recordamos que hasta la persona más encantadora es variable en su estado anímico, no tomaremos los ataques de modo tan personal; esos ataques no van dirigidos contra nosotros. Los estados de ánimo son una realidad de la vida; sin excepción alguna, todo el mundo experimenta ascensos y descensos en su estado de ánimo. Además, cuando el nivel del ánimo es bajo, la gente dice y hace cosas que ni soñaría en decir o hacer estando mejor emocionalmente.

Esto no quiere decir que debamos aceptar que los demás nos maltraten, sino que, en nuestra mente y en nuestro corazón, debemos ser tolerantes con la realidad psicológica de los estados anímicos. Cuando aceptamos que las oscilaciones del ánimo son inevitables, dejamos de tomarlas de manera tan personal.

5. *¿Estaré sosteniendo una batalla en mi cabeza?*

La mayoría de los conflictos tienen lugar en nuestra mente, tanto antes como después de que sucedan en realidad los acontecimientos. No debemos olvidar que los pensamientos que nos producen sentimientos negativos son sólo pensamientos inofensivos, y no la realidad. Si tenemos un conflicto, lo resolveremos más fácilmente cuando nuestro estado de ánimo haya mejorado. Cada persona crea sus propios pensamientos; y reconocer que producimos nuestros pensamientos puede ayudarnos a acabar con la guerra mental y a darle la espalda para encaminarnos hacia un estado emocional más positivo y agradable.

6. *¿Estaré luchando con un problema?*

Los pensamientos crecen con la atención que se les dispensa, y nuestra energía va hacia donde se dirija nuestra atención. Cuando peleamos constantemente con un problema, bloqueamos nuestra sabiduría y nuestro sentido común. Necesitamos tomar distancia del problema, si queremos solucionarlo. Cuando algo está demasiado cerca de nosotros, es difícil verlo con claridad; pero cuando "nos olvidamos" del problema, surgen las soluciones que nos parecían esquivas.

7. ¿Será muy alta mi tolerancia al estrés?

El nivel de estrés que experimentemos en la vida siempre será exactamente igual a nuestro nivel de tolerancia al estrés. Cuando nos sentimos con estrés, tenemos la tendencia a remangarnos la camisa y lanzarnos a trabajar; pero a pesar de lo urgidos que nos sintamos, ésa no es la forma de reducir el estrés. Cuando nos sentimos estresados, es el momento de bajar el ritmo, darnos un respiro, dejar de pensar y aclarar la mente. Cuando hacemos esto, nos sentimos mejor y esa sensación se refleja de inmediato en nuestra vida. Para que nuestra vida esté sometida a menos estrés, la meta es reducir nuestra tolerancia a éste. Con el tiempo, podremos advertir más temprano la presencia del estrés, para eliminarlo antes de sentirnos abrumados por él.

8. ¿Estaré pensando demasiado en mí mismo?

Evaluarnos demasiado a nosotros mismos o a nuestro desempeño puede bajar nuestro estado de ánimo. Pensar demasiado acerca de lo bien o mal que estamos realizando nuestras tareas nos aleja del sentimiento natural de amor propio y felicidad. Sólo necesitamos observar a los niños para recordar que es natural sentirnos orgullosos de nuestros esfuerzos. Cuando dudamos de nosotros mismos, perdemos nuestro sentido de autovaloración. Vivamos plenamente cada día; disfrutemos de cada preciosa hora que nos es dado vivir. Si todos viviéramos así, obtendríamos logros y no temeríamos a las responsabilidades. Más aún, disfrutaríamos del proceso.

9. ¿Estaré arrastrando siempre con mi pasado como una carga?

El pasado es un recuerdo que arrastramos a través de nuestro pensamiento. Haya sucedido hace veinte años o veinte minutos, el pasado no tiene relación alguna con nuestra capacidad para gozar de la vida ahora, en este preciso momento. Al profundizar en la comprensión de la dinámica del pensamiento, nos liberamos de los efectos nocivos de un pasado desdichado.

10. *¿Estaré posponiendo mi vida?*

Se ha dicho que "la vida es lo que nos ocurre mientras estamos atareados haciendo planes". Cuando postergamos la felicidad, olvidamos que ésta es un sentimiento que ya existe en nuestro interior y que podemos experimentarla cada vez que queramos; ella no depende de resultado alguno. Si nos sorprendemos diciéndonos cosas como: "Seré feliz cuando...", vamos por mal camino porque felicidad es lo que sentimos cada vez que usamos el funcionamiento psicológico sano. Por eso, podemos ser felices aquí y ahora, si así lo decidimos.

Agradecimientos

❧

Quisiera expresarles mi más sincero agradecimiento a las siguientes personas: a Patti Breitman, por ser tan feliz que supo lo que yo intentaba expresar antes de que terminara de decirlo; a Kristine Carlson por su cariñoso aliento de mis esfuerzos; a Sheila Krystal, por ser tan buena colega y amiga; a Carol LaRusso, por su magnífico empeño de redacción y por haber tomado el tiempo de aprender esta práctica; a George y Linda Pransky, por ser tan excelentes enseñantes; y a Barbara y Don Carlson, por tener el hermoso don de la felicidad, y por su generosidad en compartirla con los demás.

Richard Carlson, Ph.D., es un autor mundialmente conocido que ha discursado sobre la felicidad a miles de oyentes. Entre sus libros, que sobrepasan ya cinco millones de ejemplares, figuran *No te ahogues en un vaso de agua*; y *Don't Worry, Make Money*. Con su colaborador Benjamin Shield, Ph.D., publicó *Handbook for the Soul, Handbook for the Heart*, and *For the Love of God: Handbook for the Spirit*. Él vive con su esposa e hijos en el norte de California.

Si le ha gustado *Usted sí puede ser feliz pase lo que pase*, permítanos recomendarle los siguientes libros en versión española publicados por New World Library:

El camino de la abundancia: La riqueza en todos los campos de la conciencia y de la vida. En este libro formidable Deepak Chopra explora el significado más amplio de la riqueza en todos los campos de la conciencia, y ofrece un abecedario de pasos diarios y acciones cotidianas que engendran espontáneamente la riqueza en todas sus formas.

Las siete leyes espirituales del éxito: una guía práctica para la realización de tus sueños. En este libro de éxito internacional, Deepak Chopra destila y afina la esencia de su doctrina, reduciéndola a siete principios sencillos pero poderosos, los cuales se pueden emplear para engendrar el éxito en todos los campos de la vida.

Visualización creativa. Esta obra, que se publicó primero en inglés desde hace 20 años y que goza de una popularidad ininterrumpida, abrió nuevos caminos en el campo de la mejora personal. Su mensaje sigue siendo hoy tan acertado y poderoso como siempre.

New World Library se dedica a la publicación de libros y cintas que nos inspiran y nos animan a mejorar la calidad de nuestra vida y de nuestro mundo.

Nuestros libros y cintas en cassettes están disponibles en librerías en todas partes. Para obtener un catálogo de nuestra colección de libros y cintas, diríjase a:

New World Library
14 Pamaron Way
Novato, CA 94949

Teléfono: (415) 884-2100
Fax: (415) 884-2199
Gratis: (800) 972-6657
Para pedir el catálogo: extensión 50
Para hacer un pedido del catálogo: extensión 52

E-mail: escort@nwlib.com

Visítenos por medio de su computadora:
http://www.newworldlibrary.com